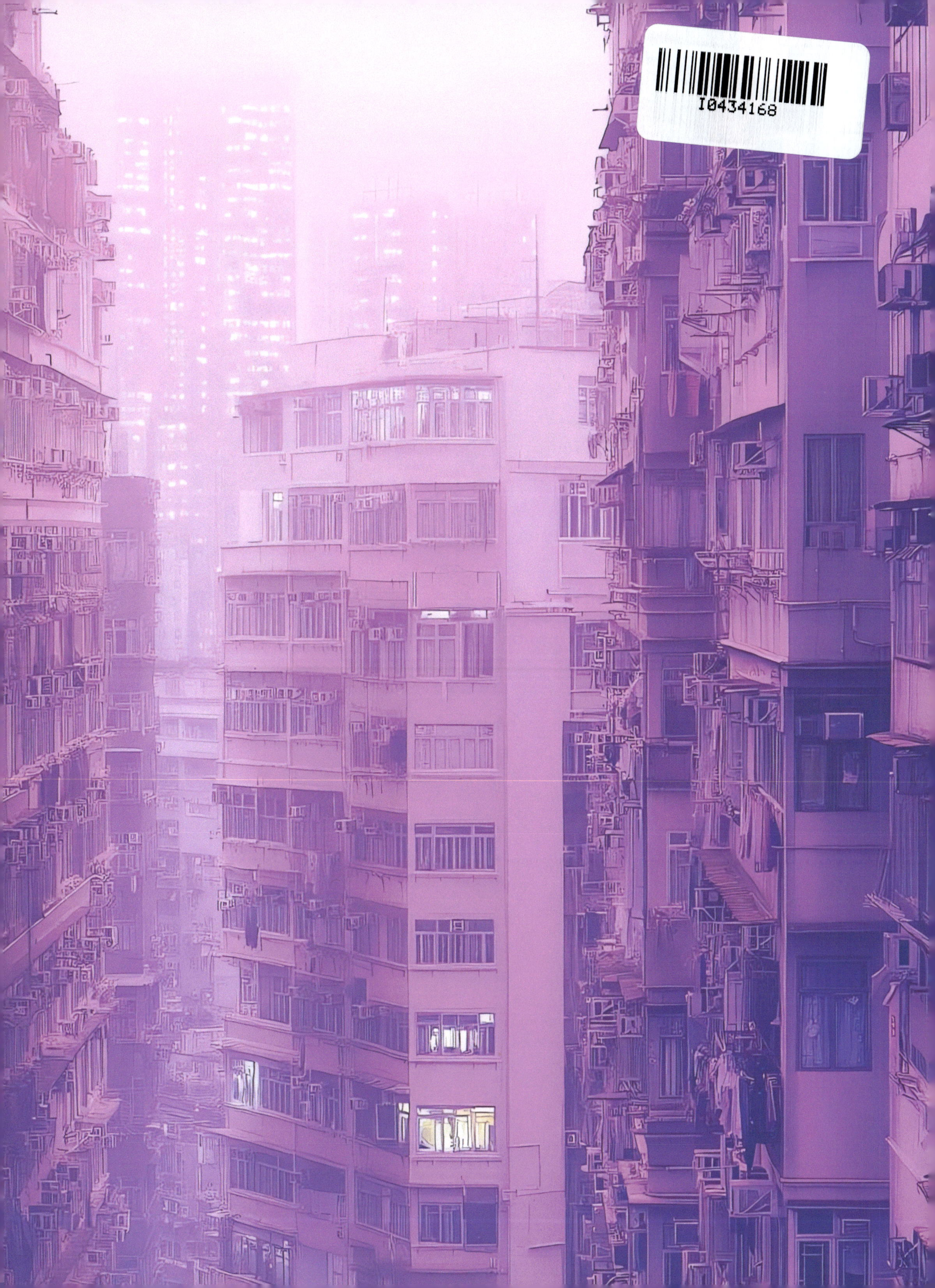

I0434168

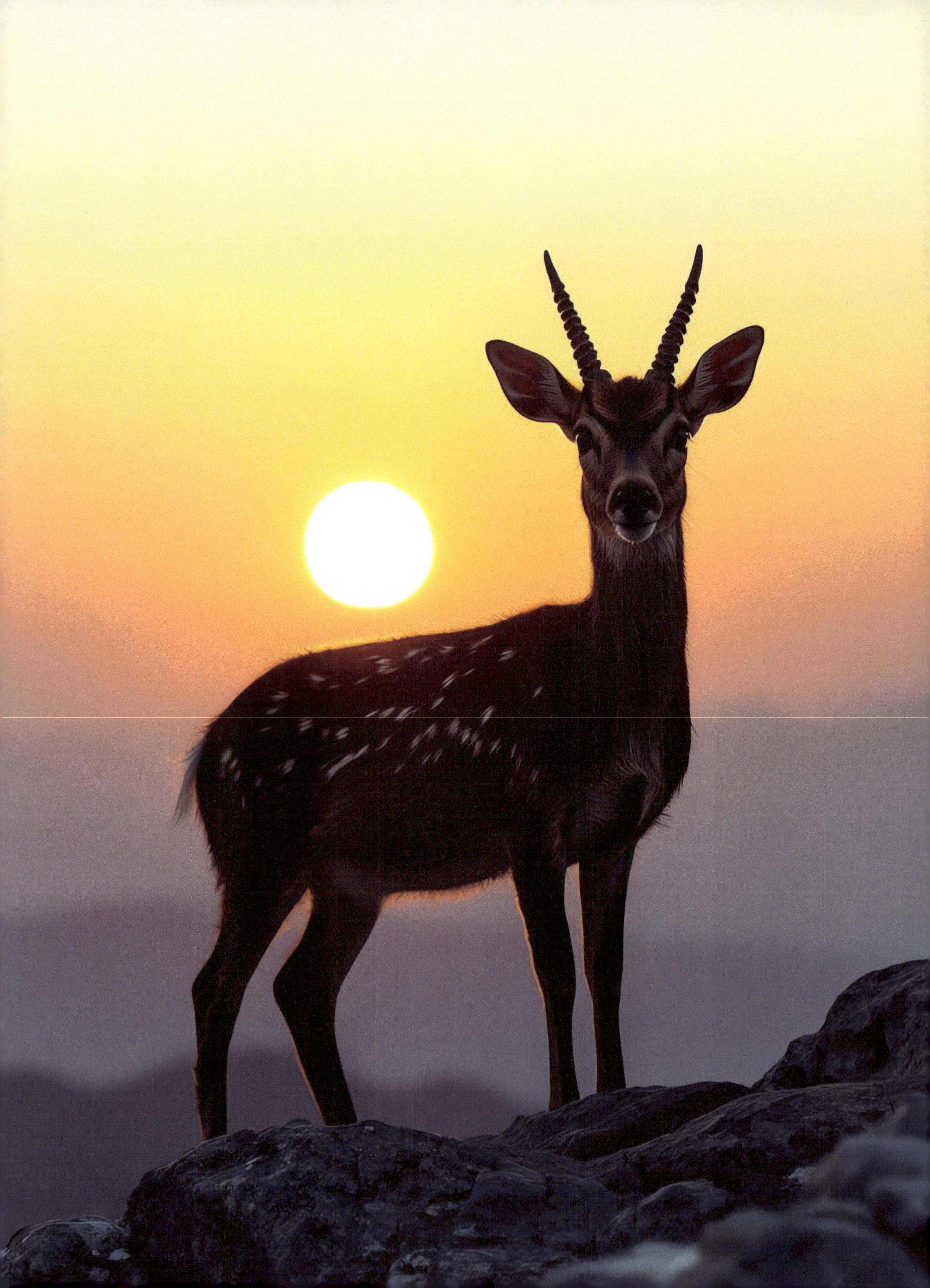

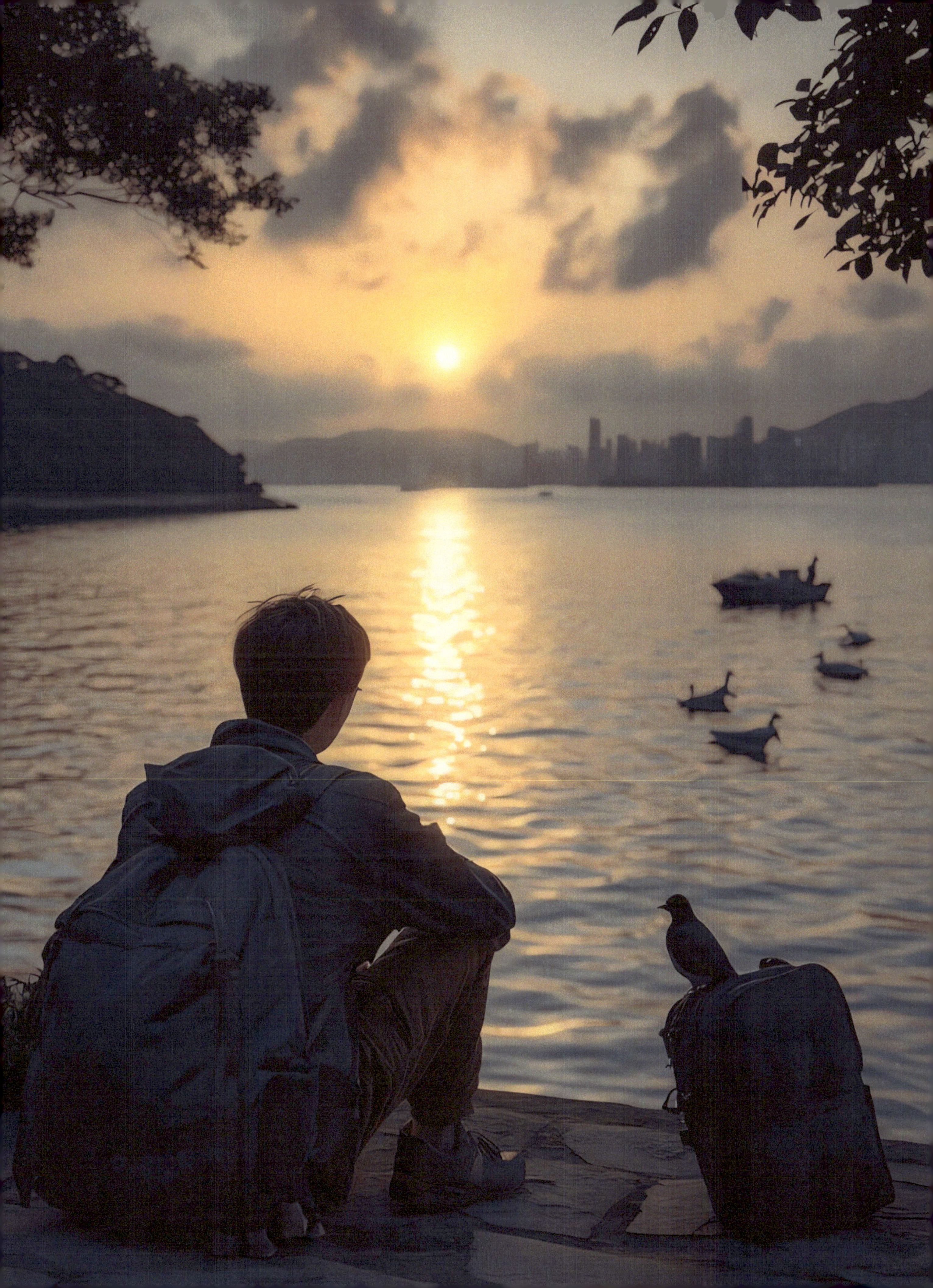

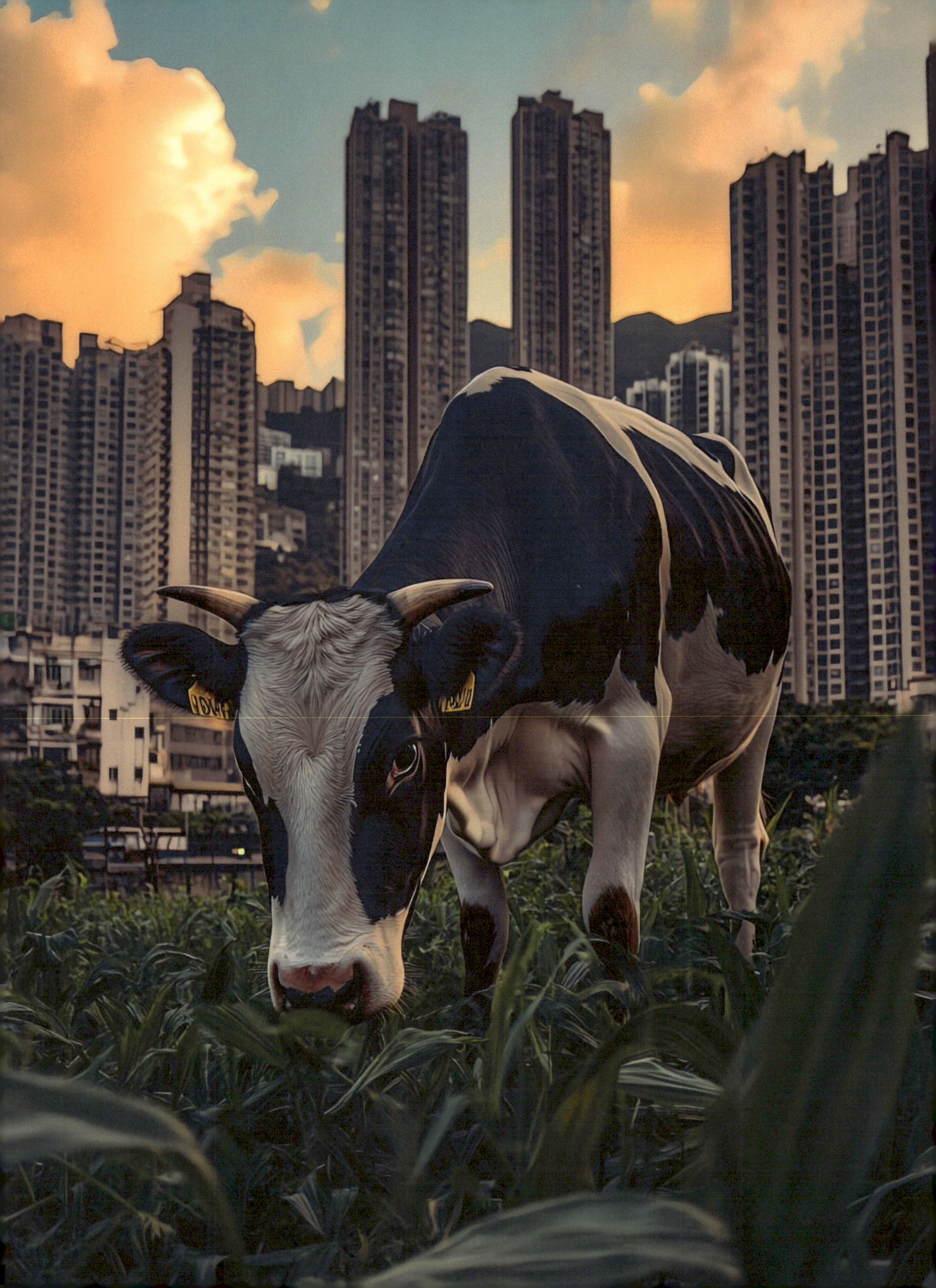

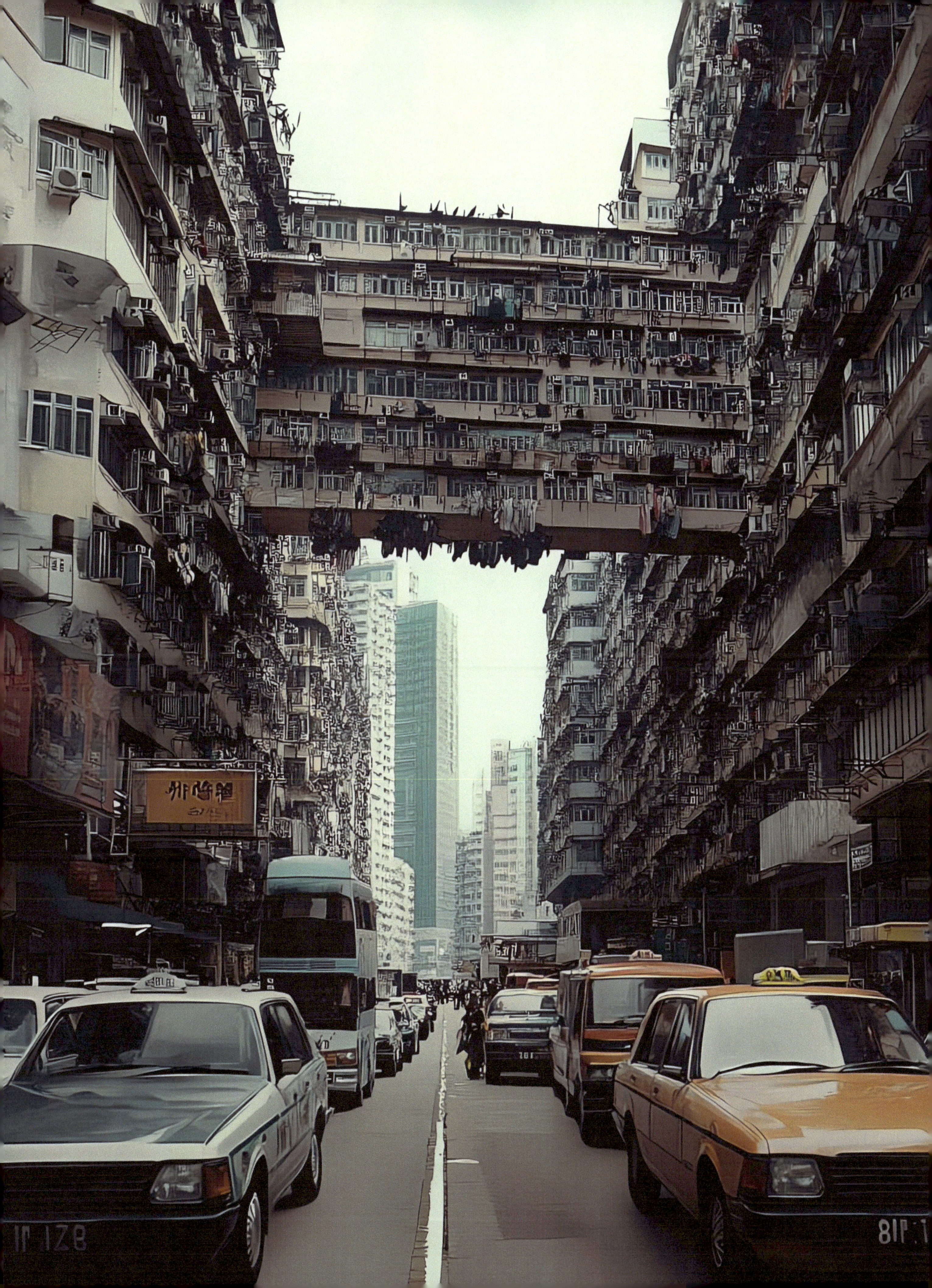

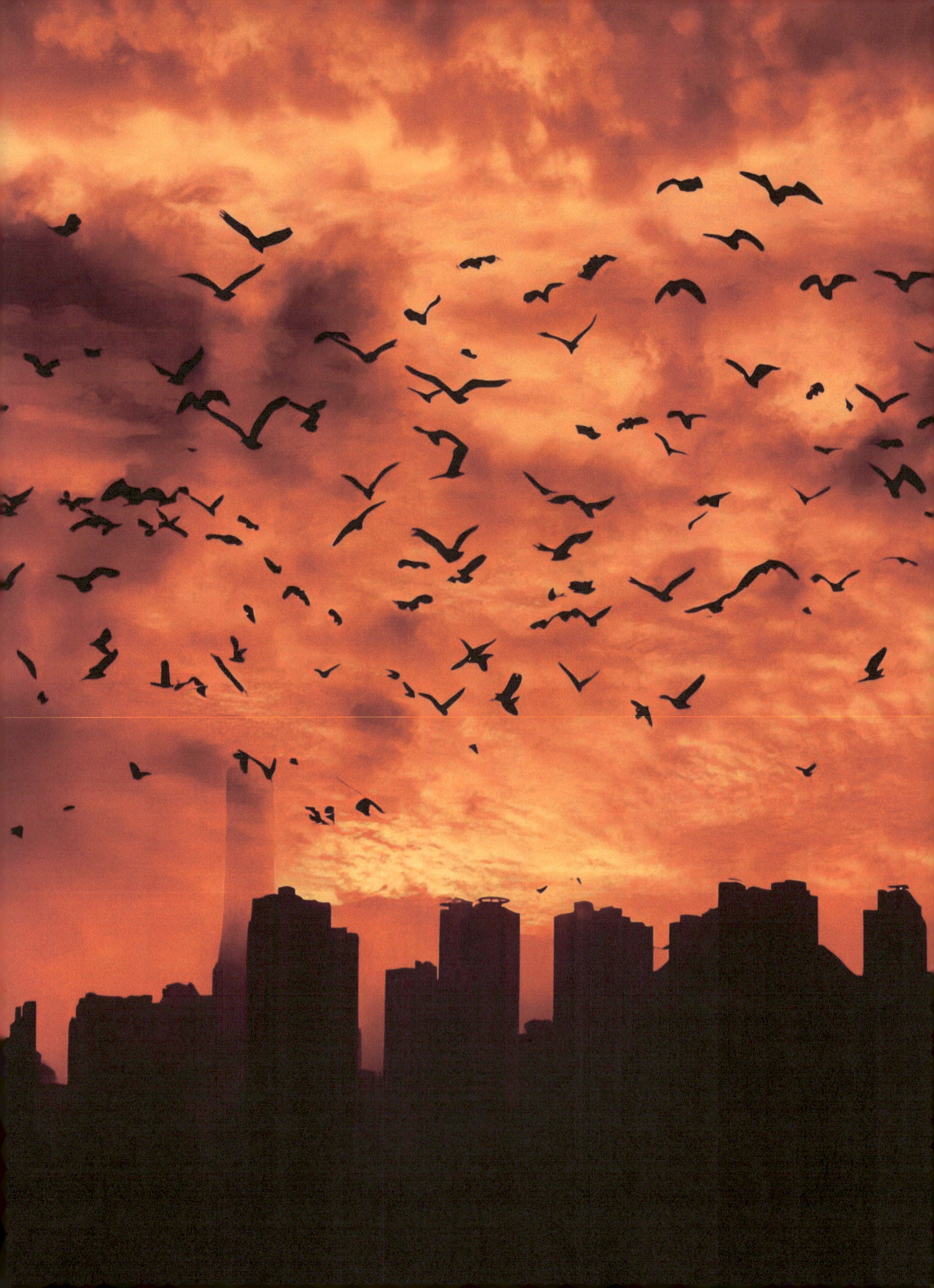

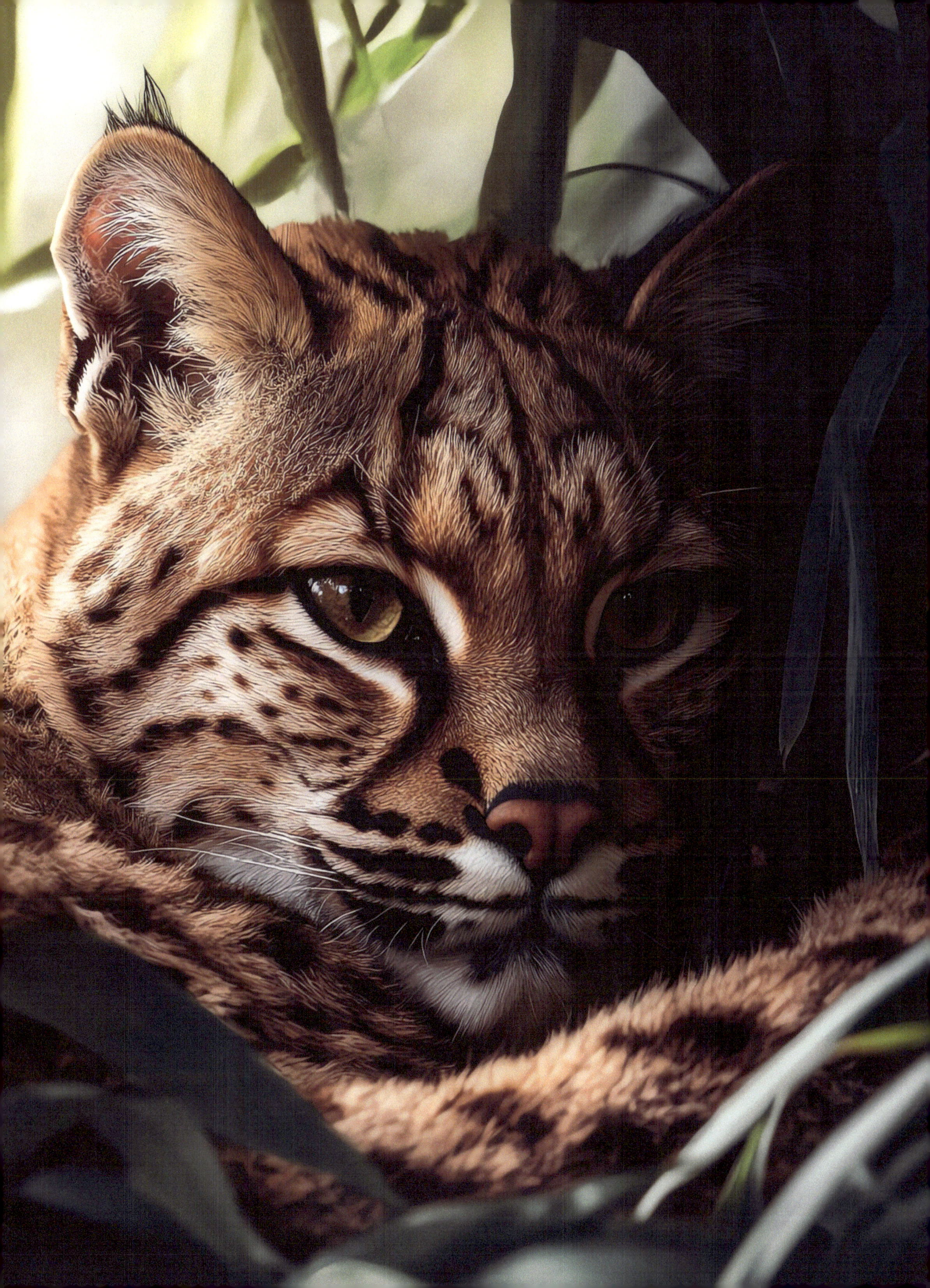

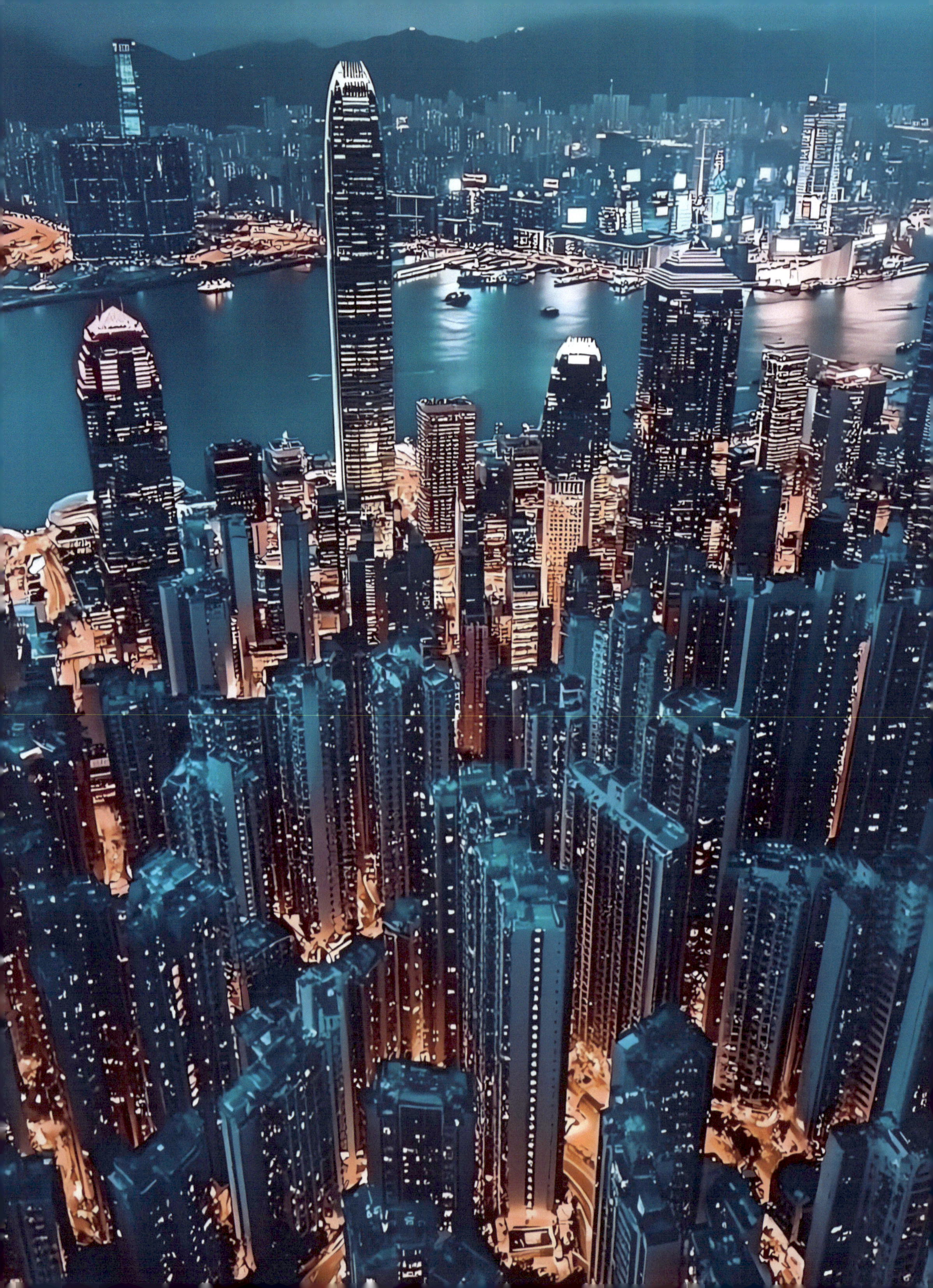

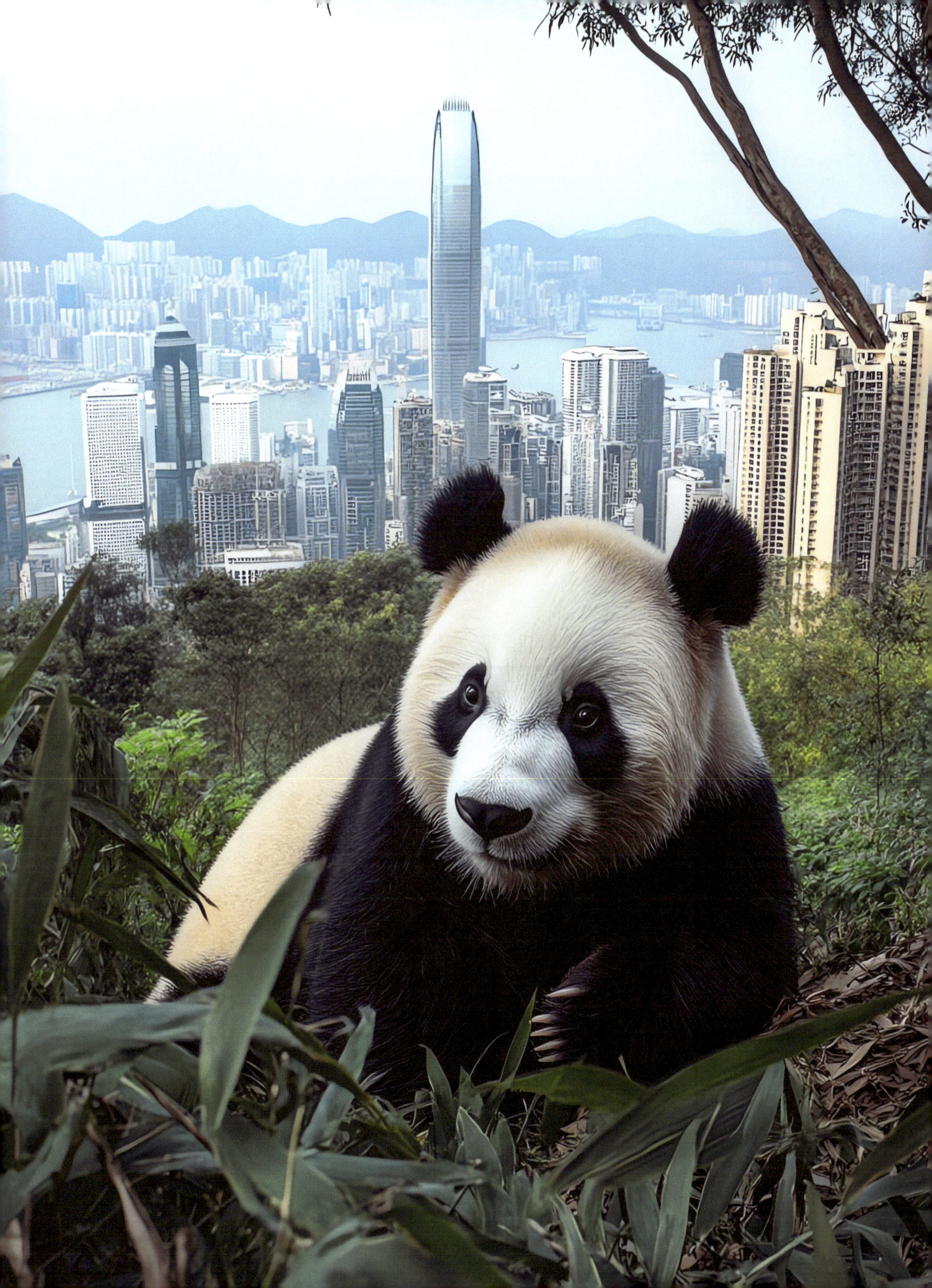

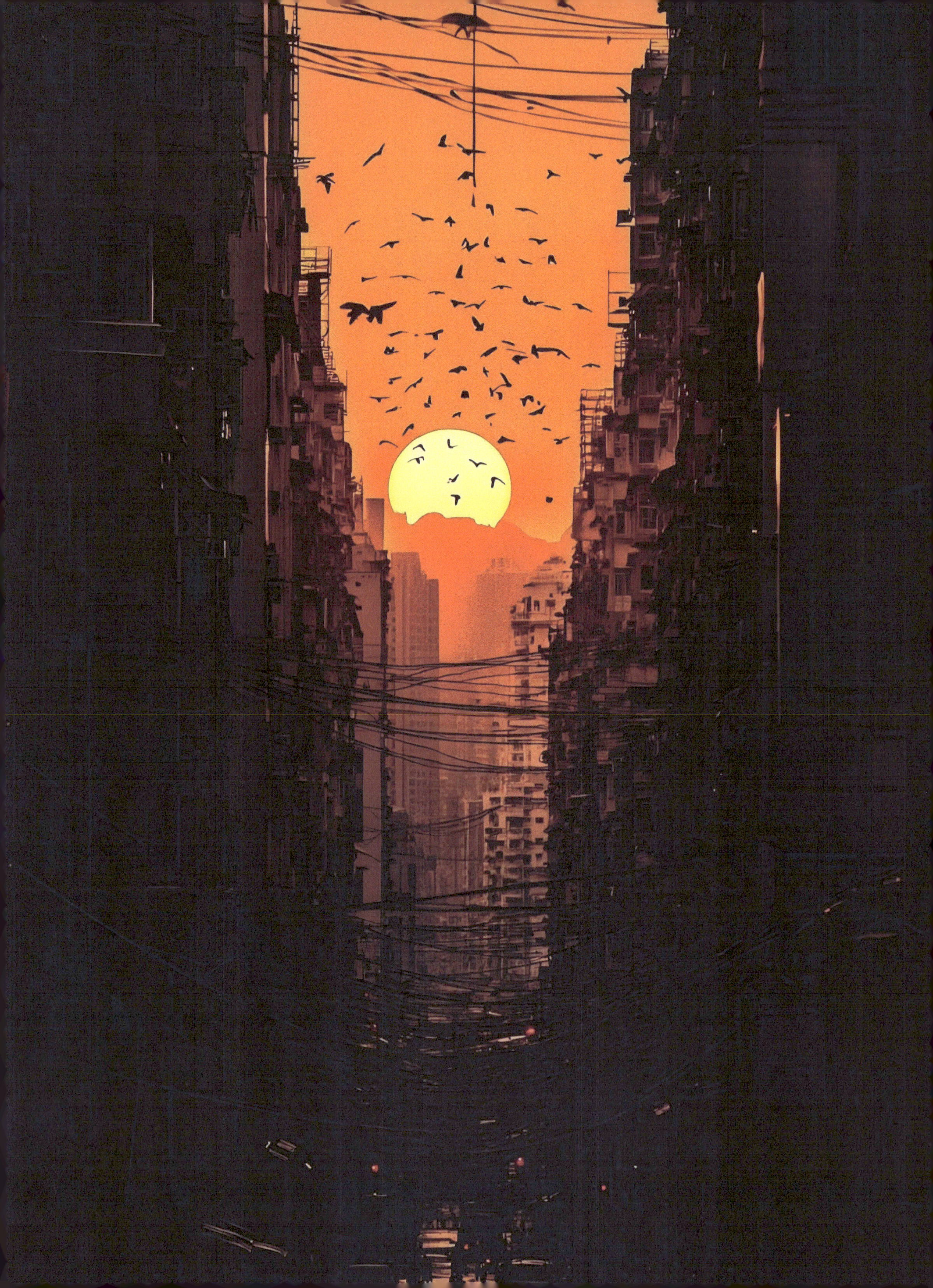

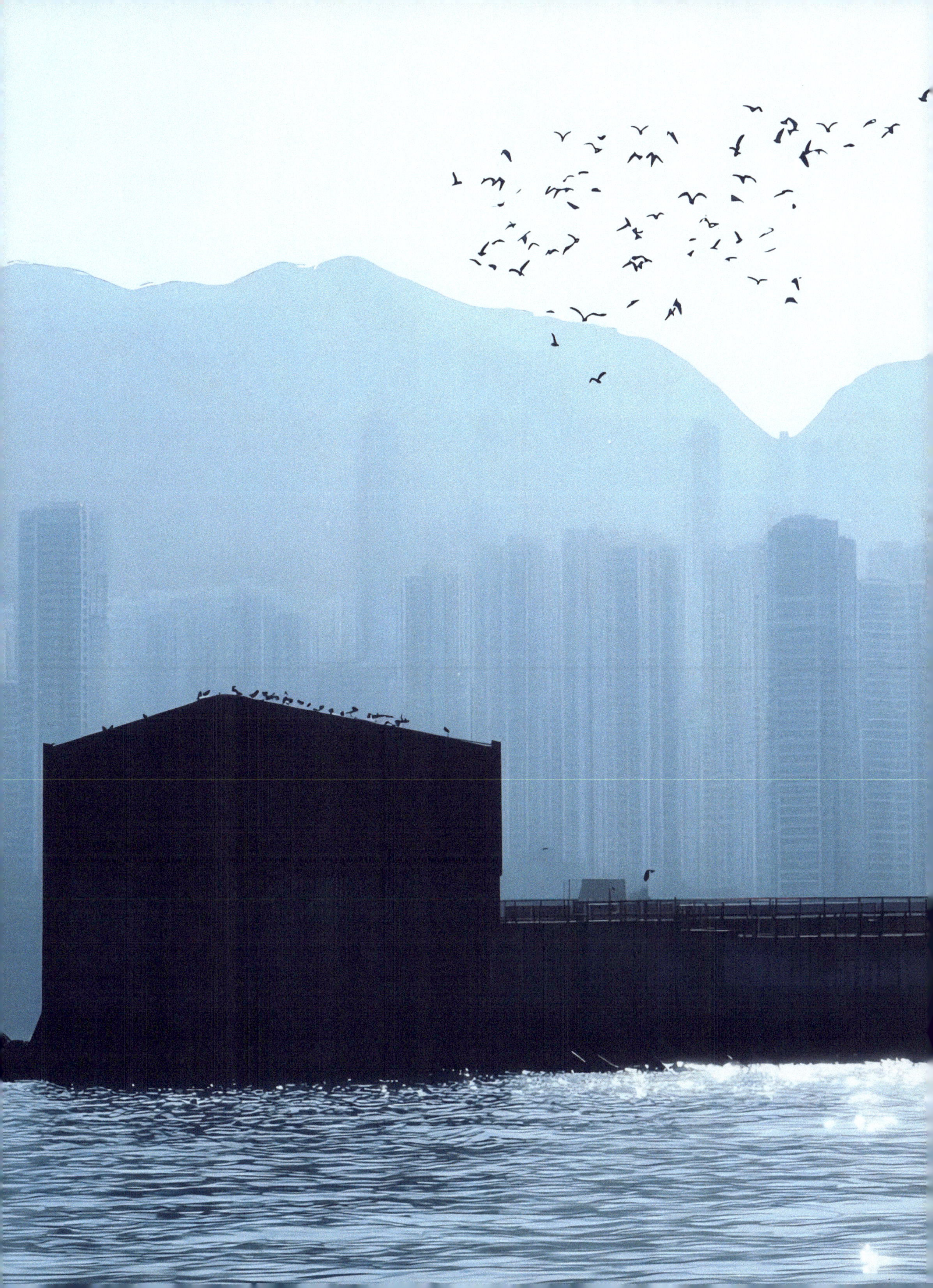

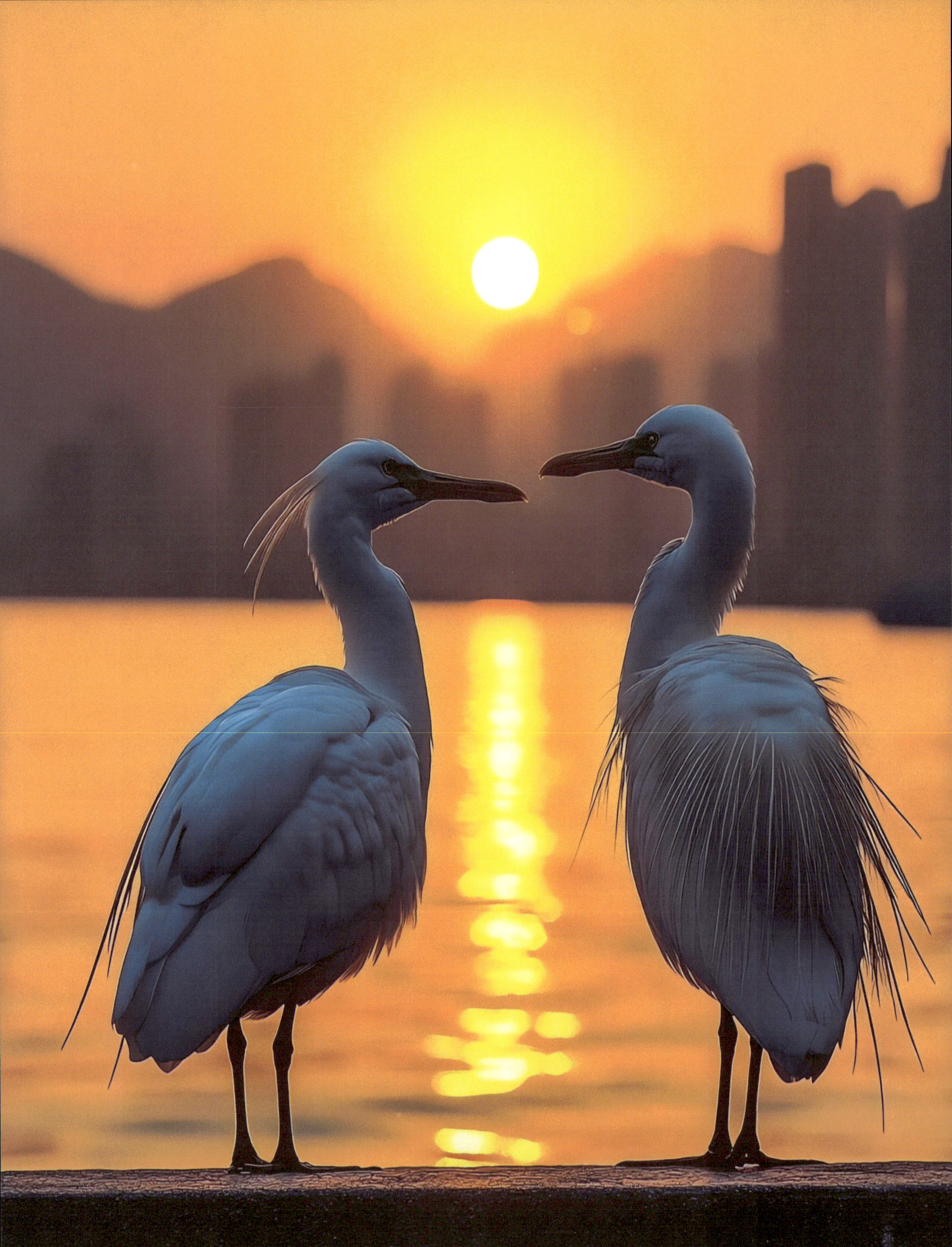

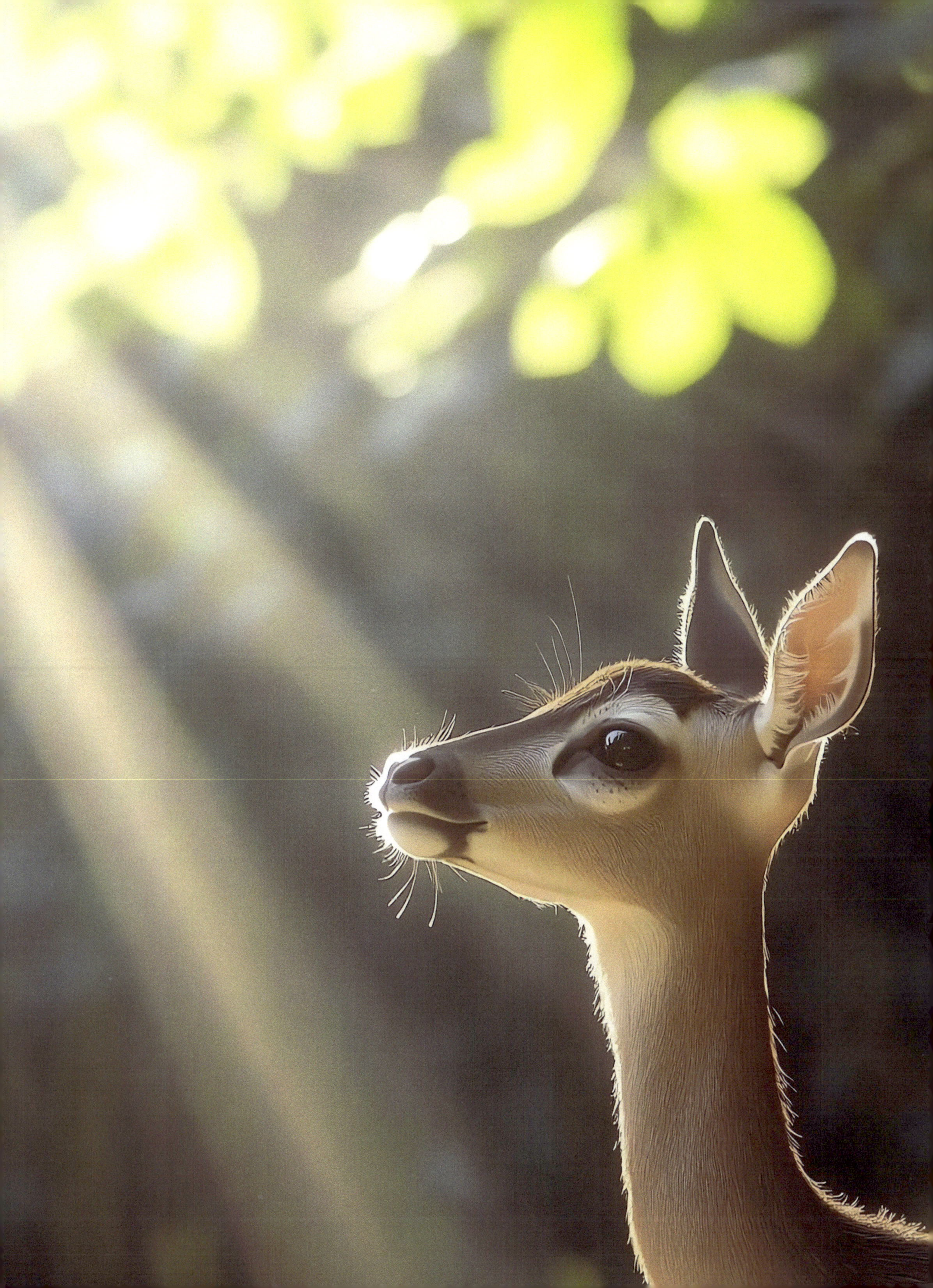

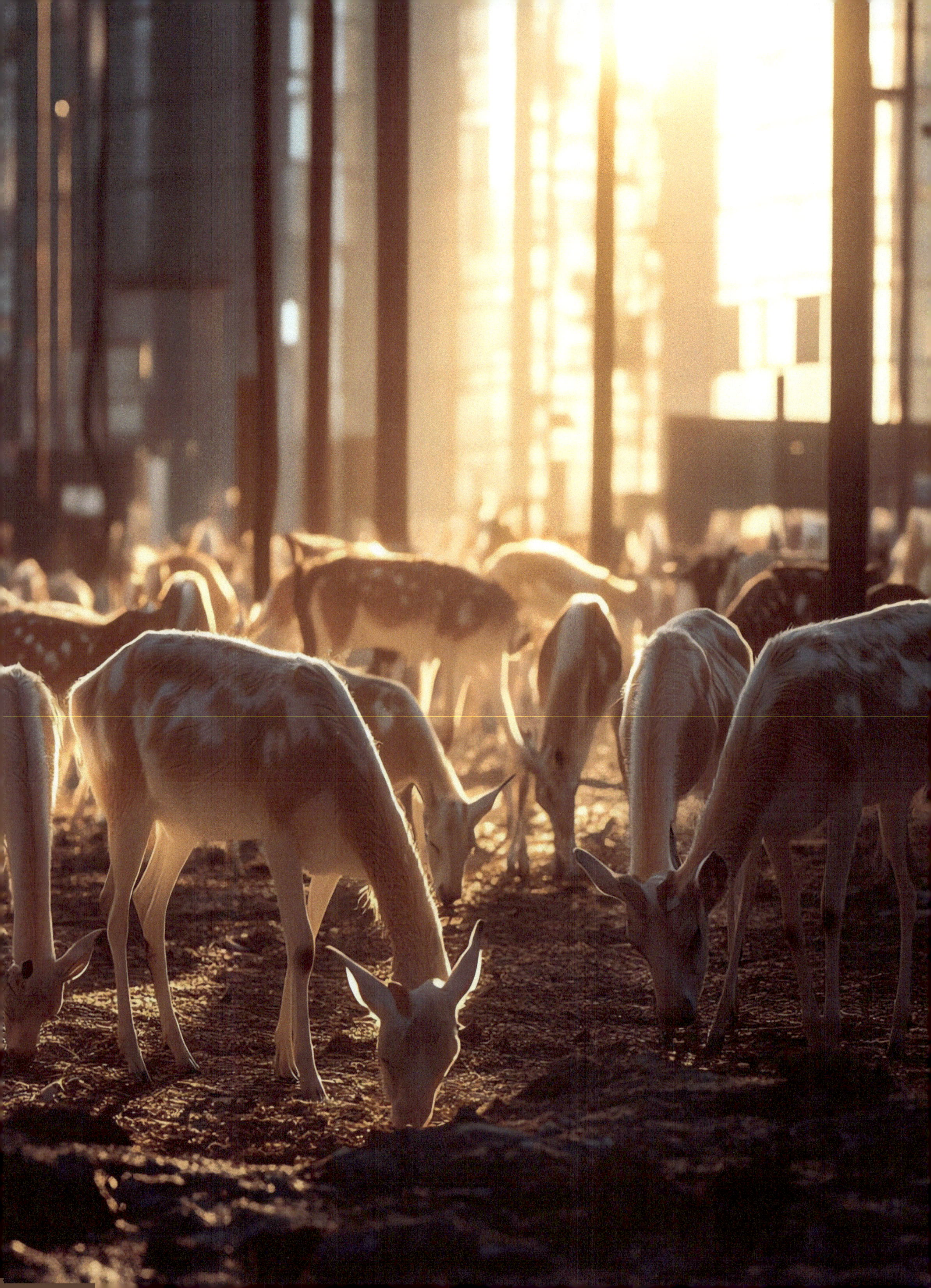

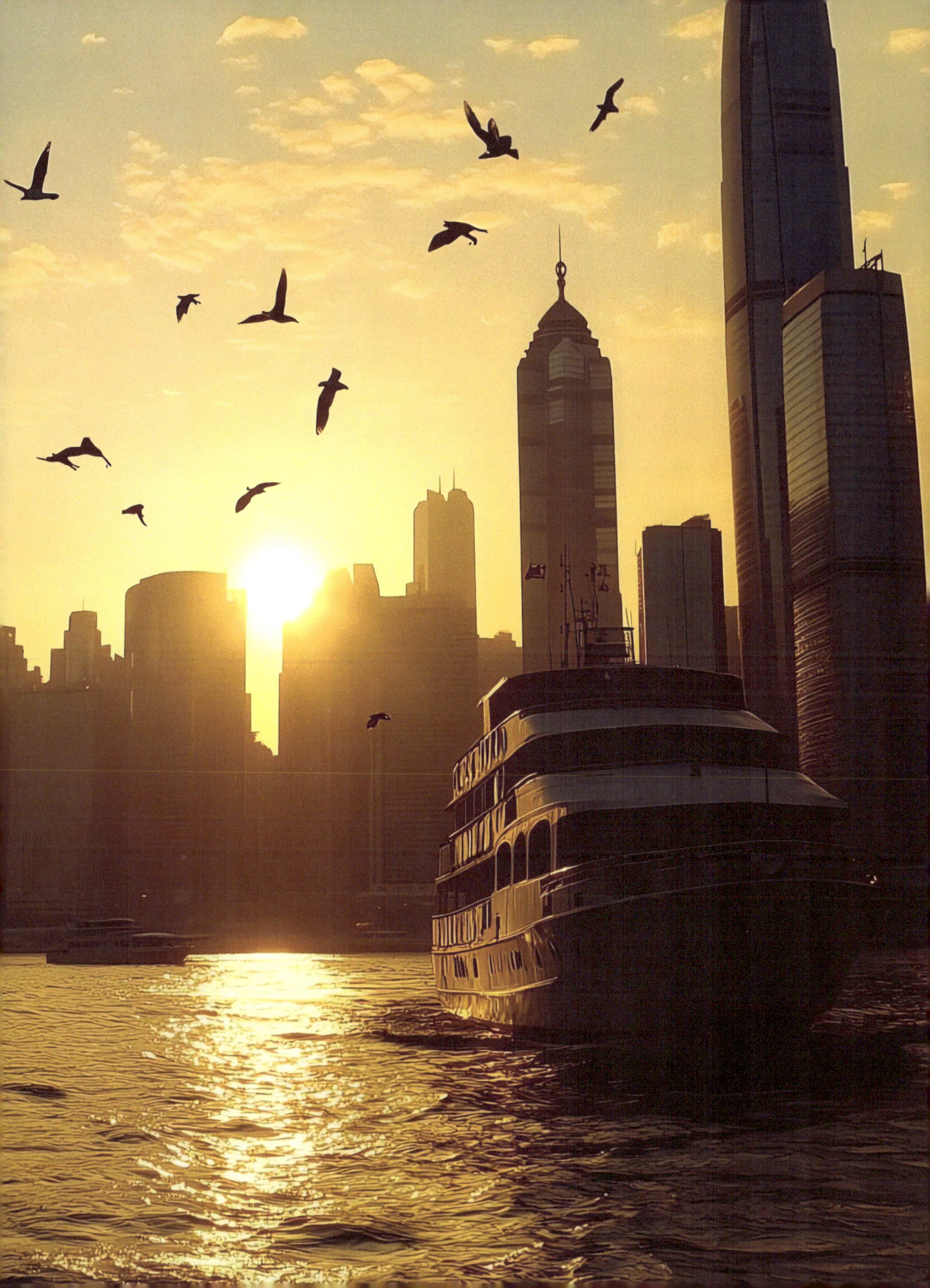

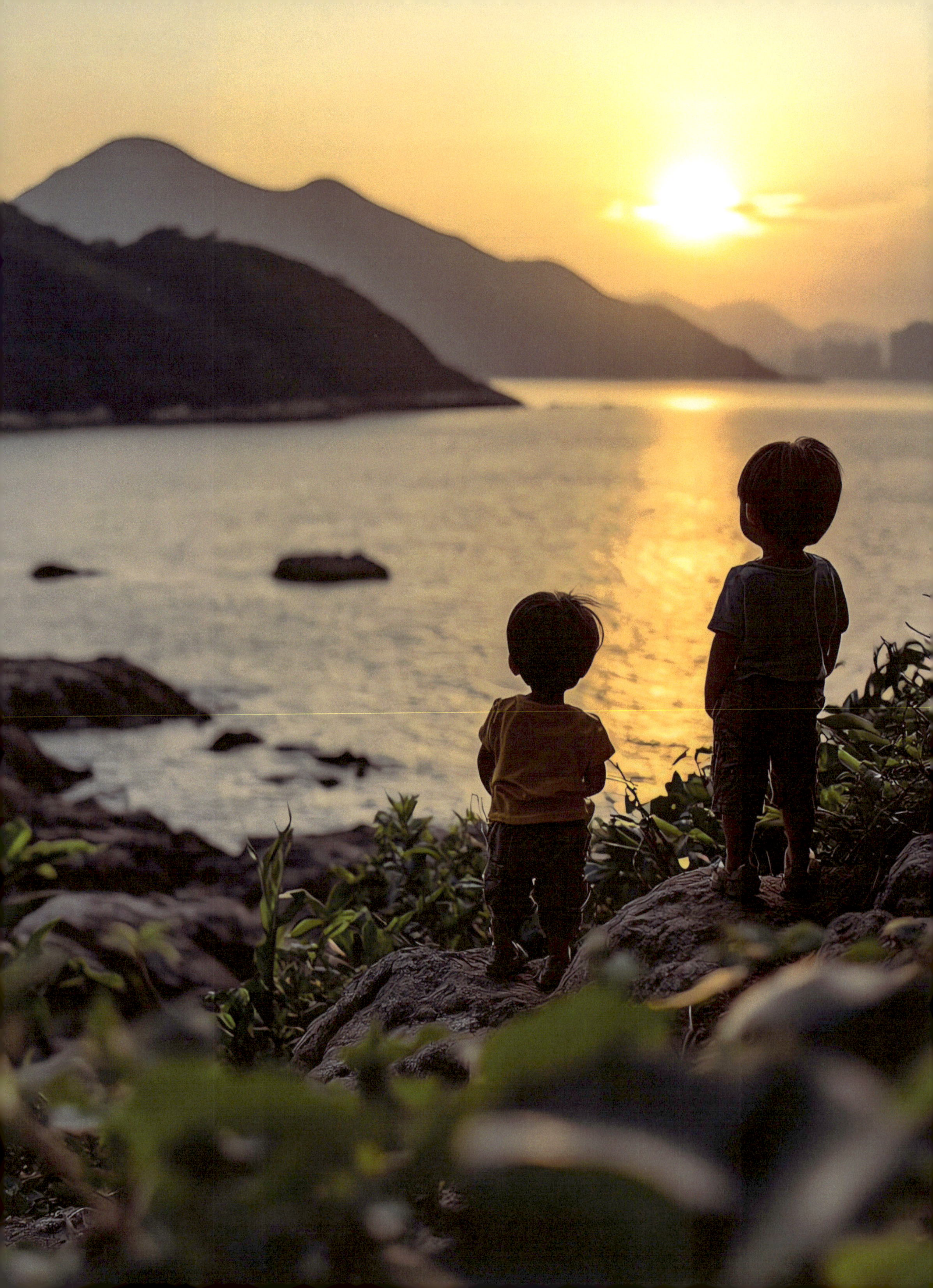

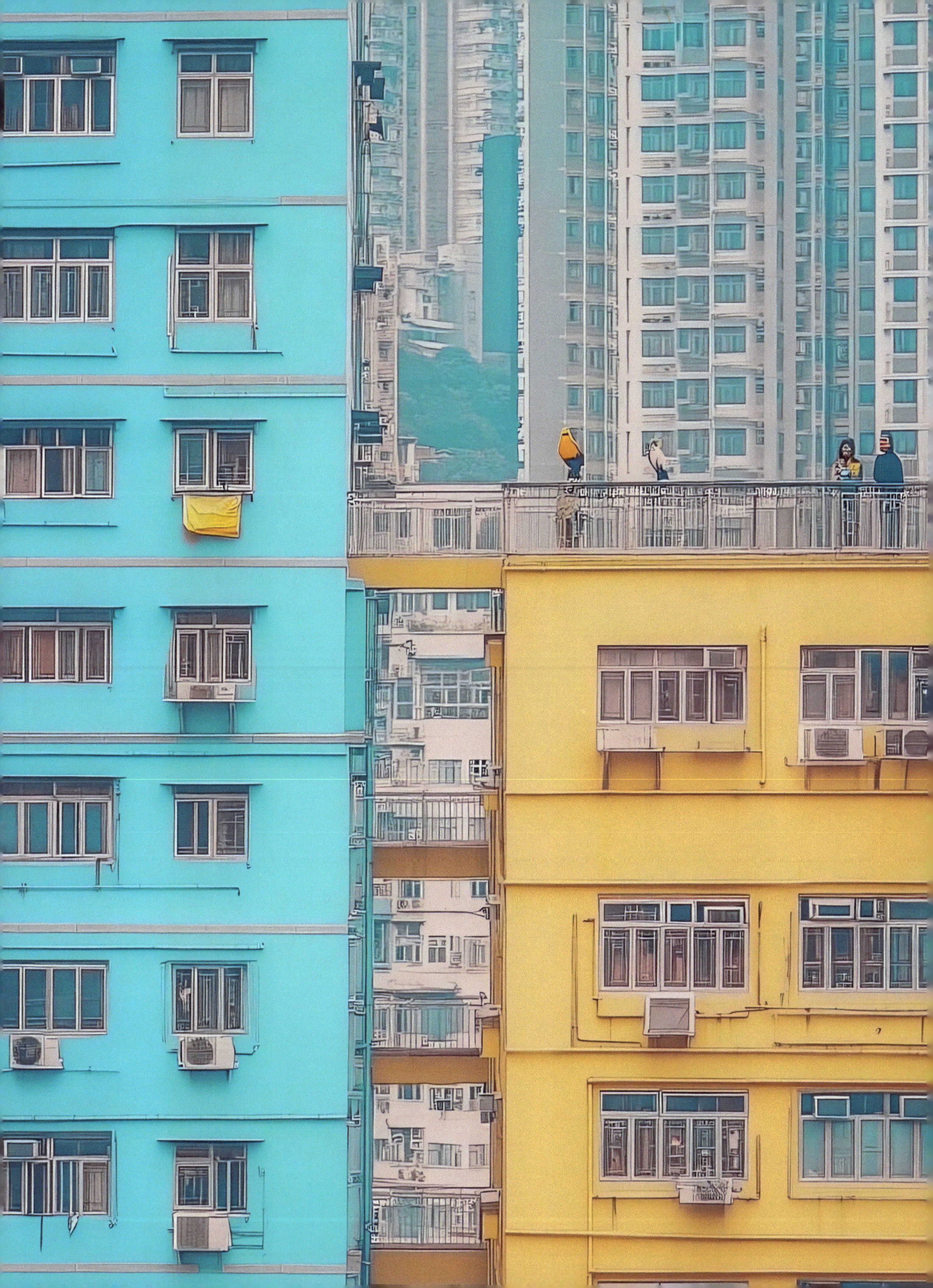

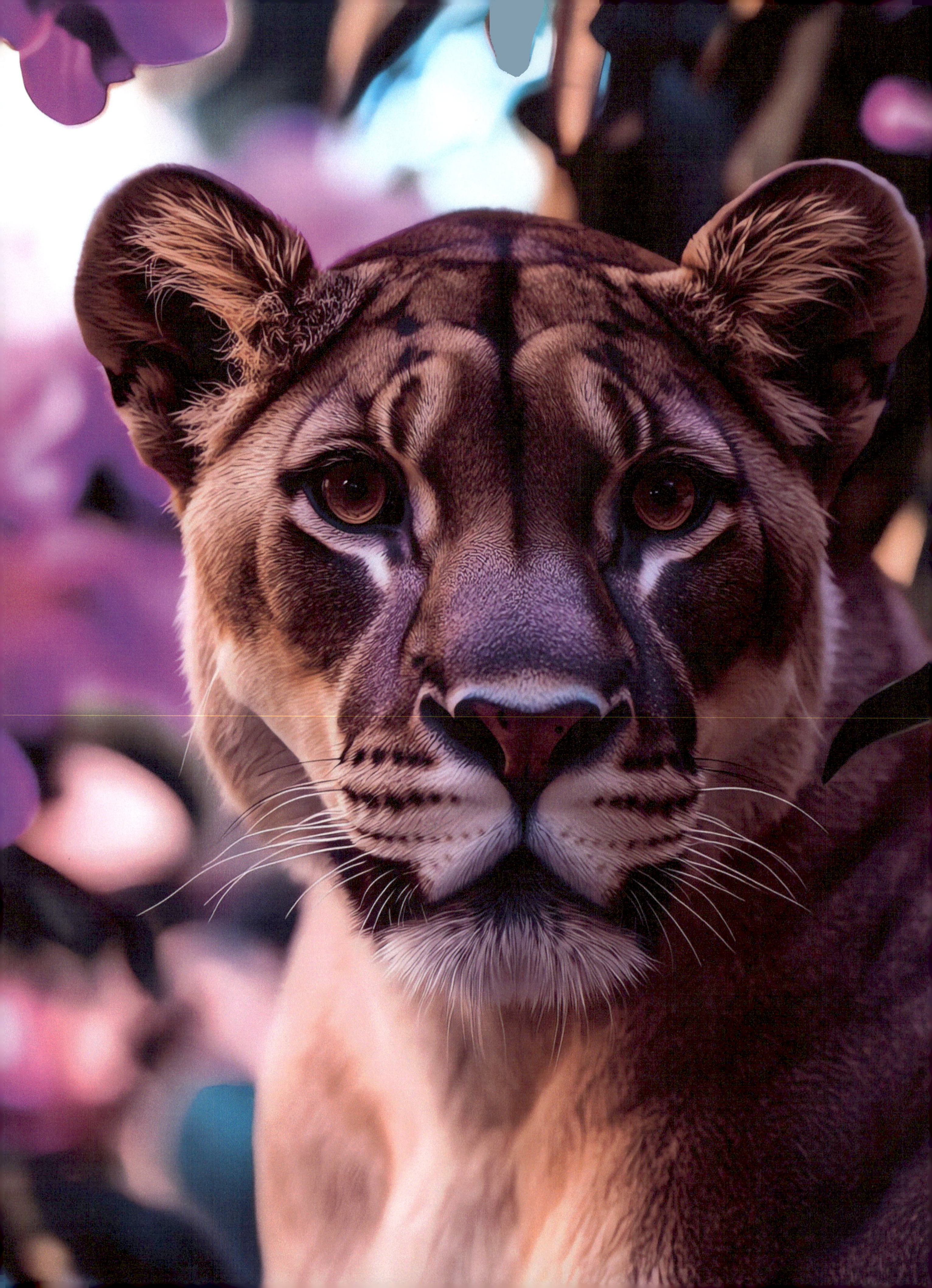

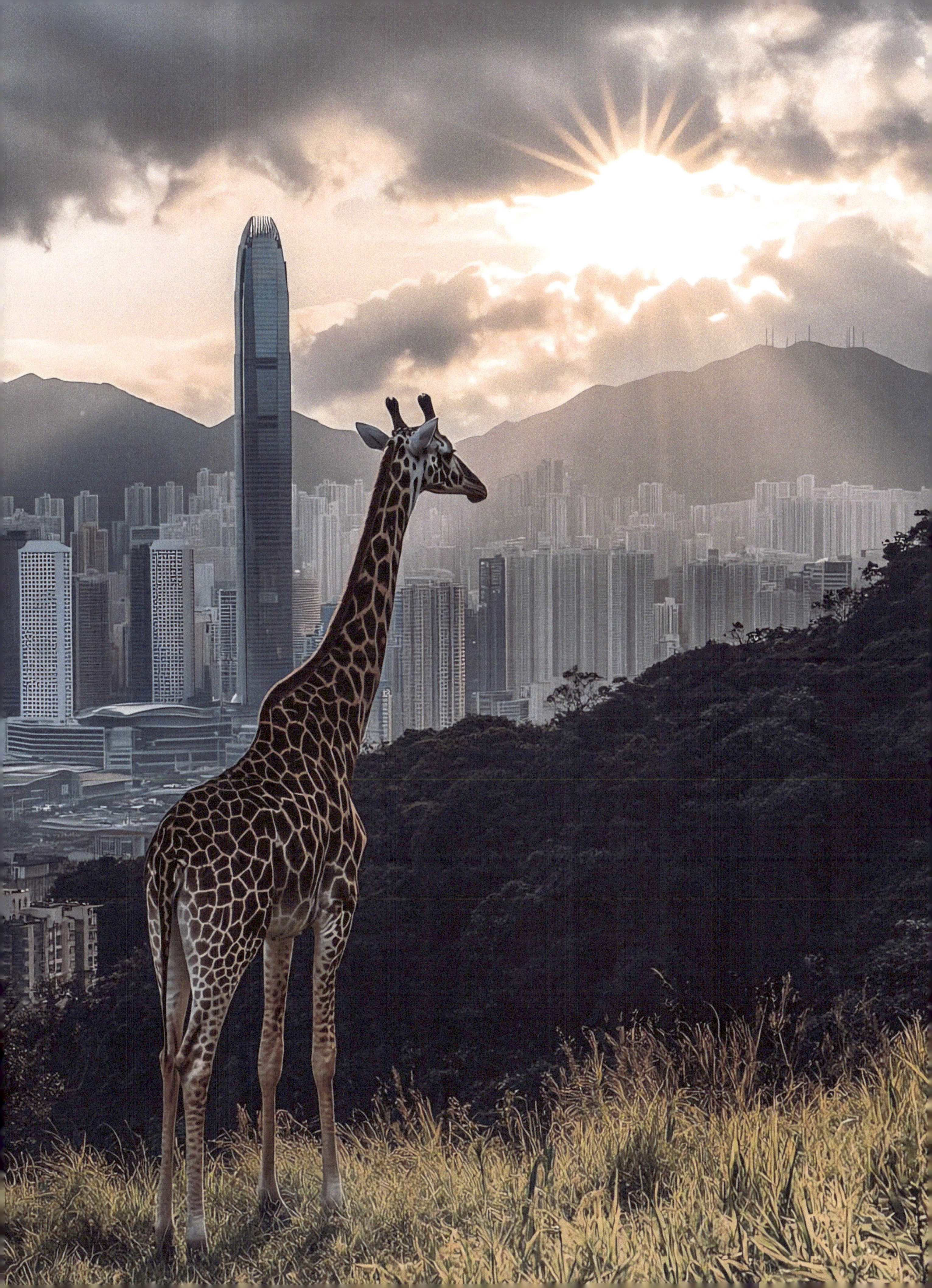

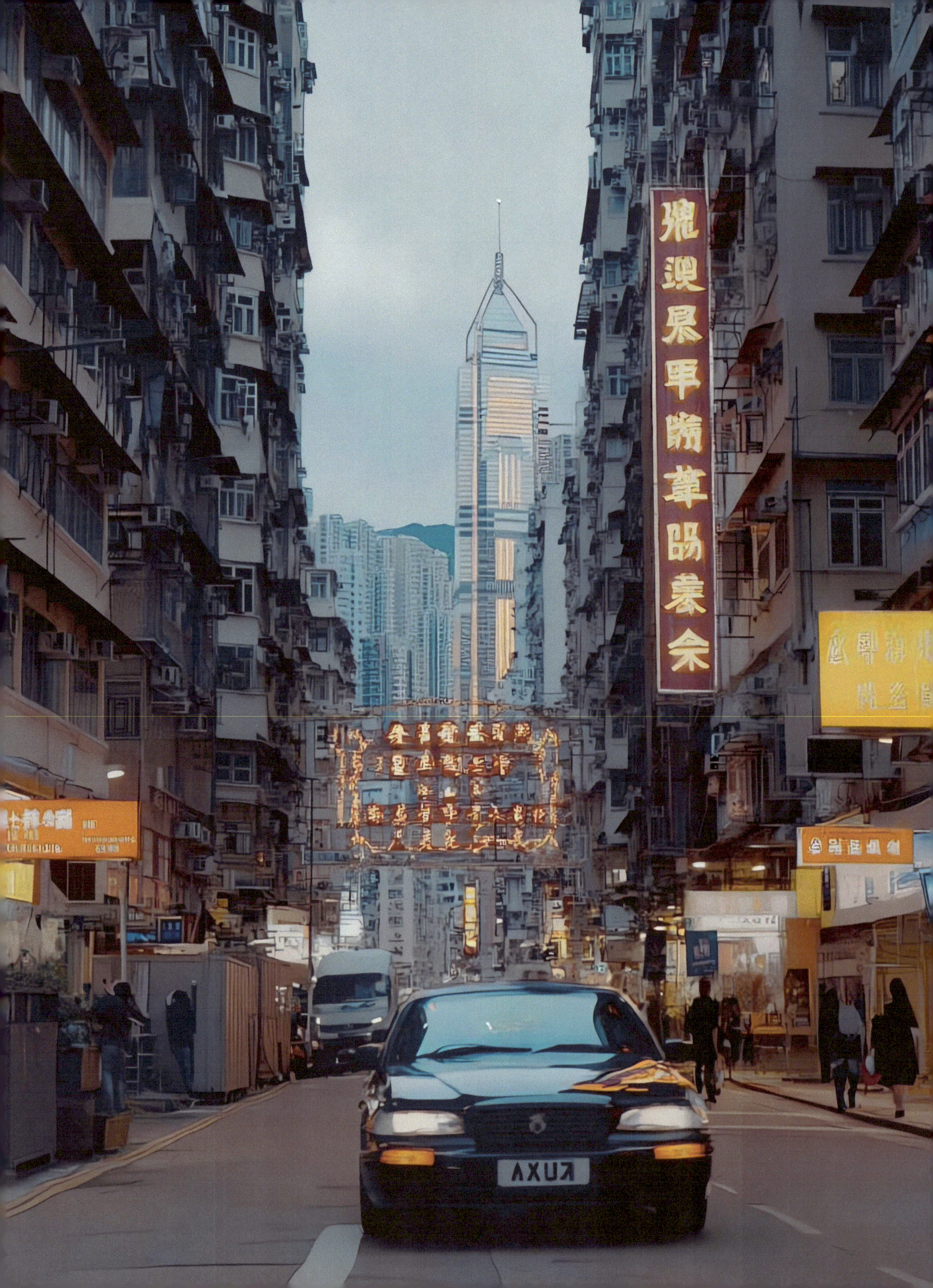

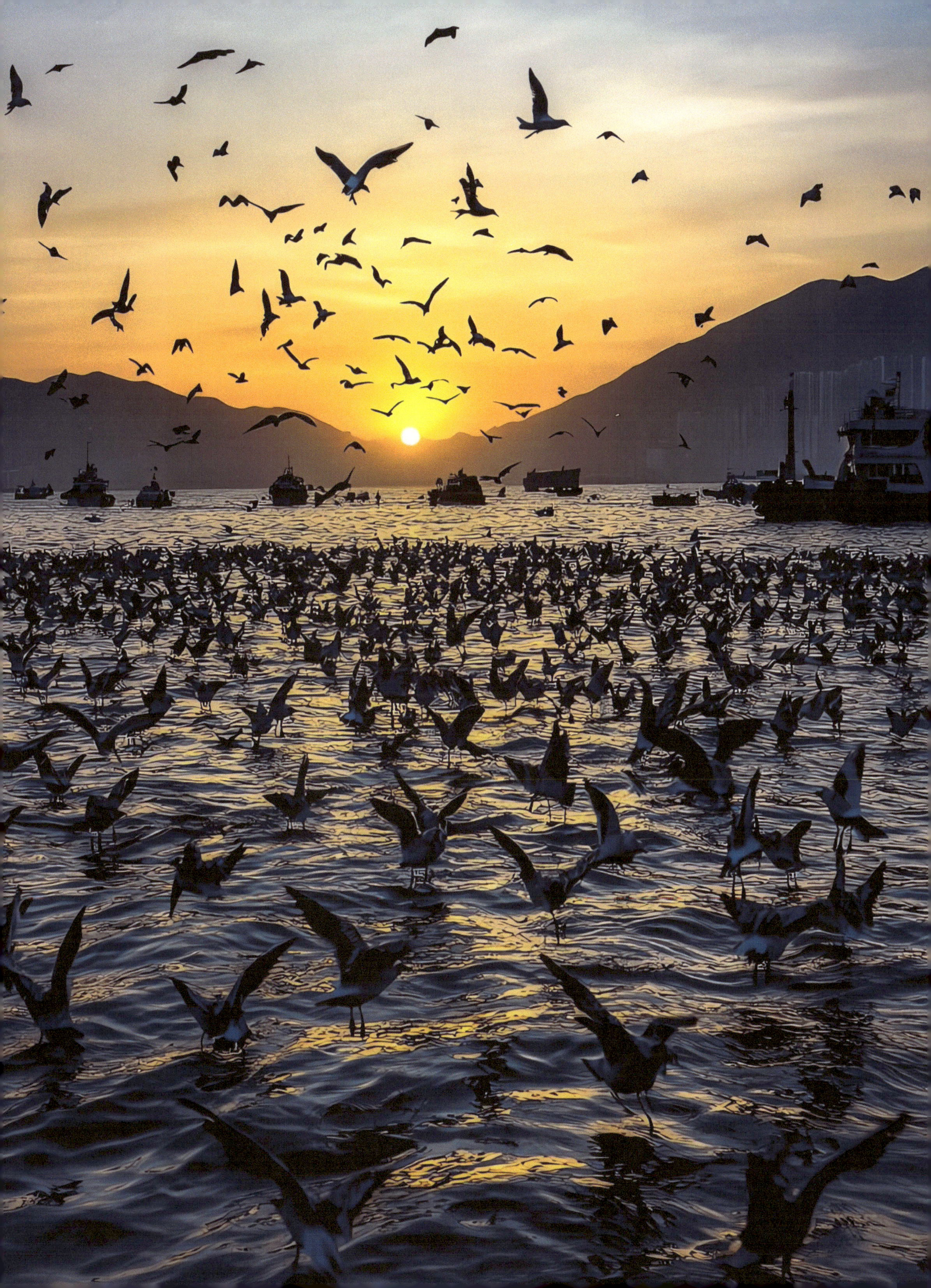

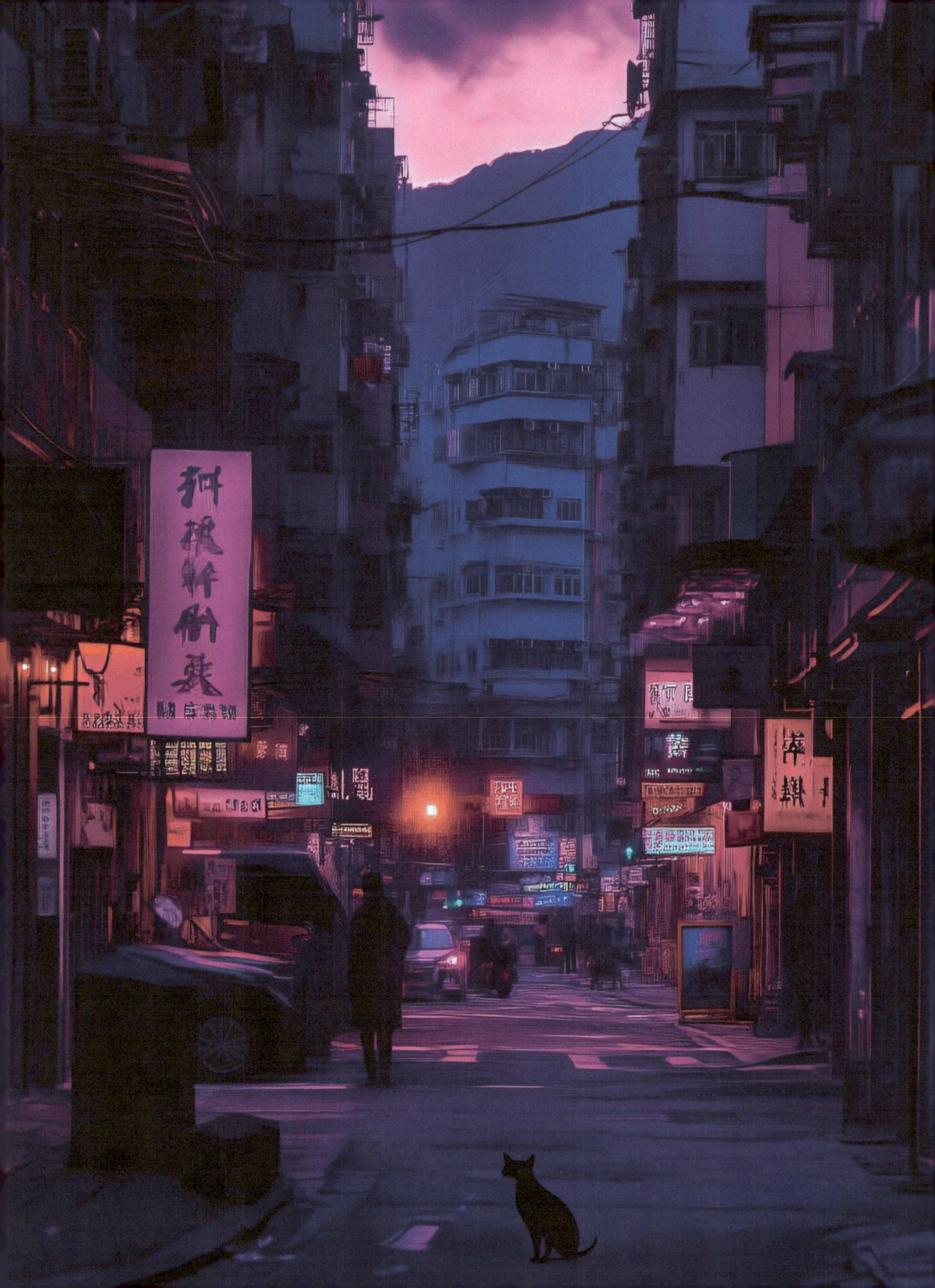

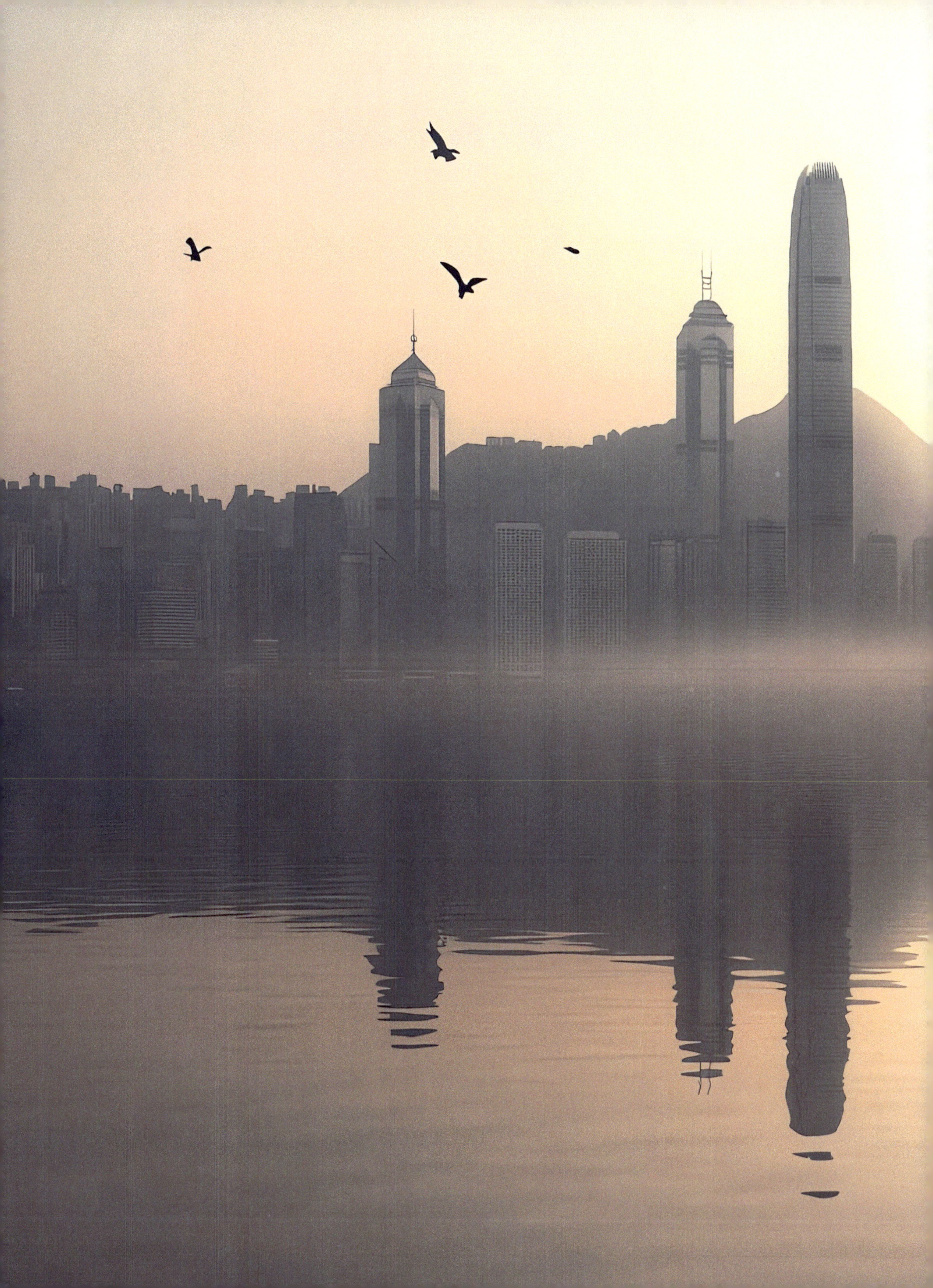

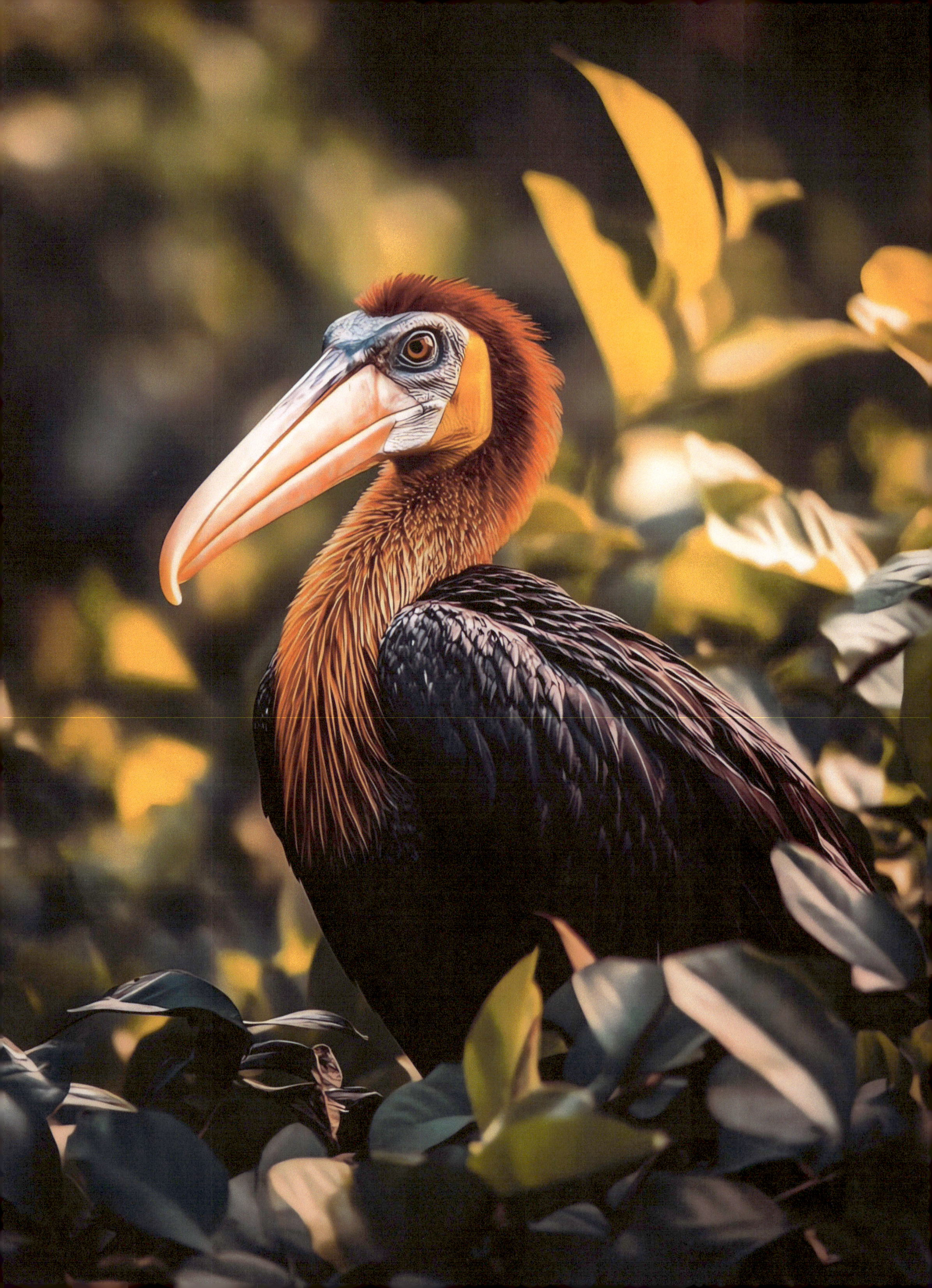

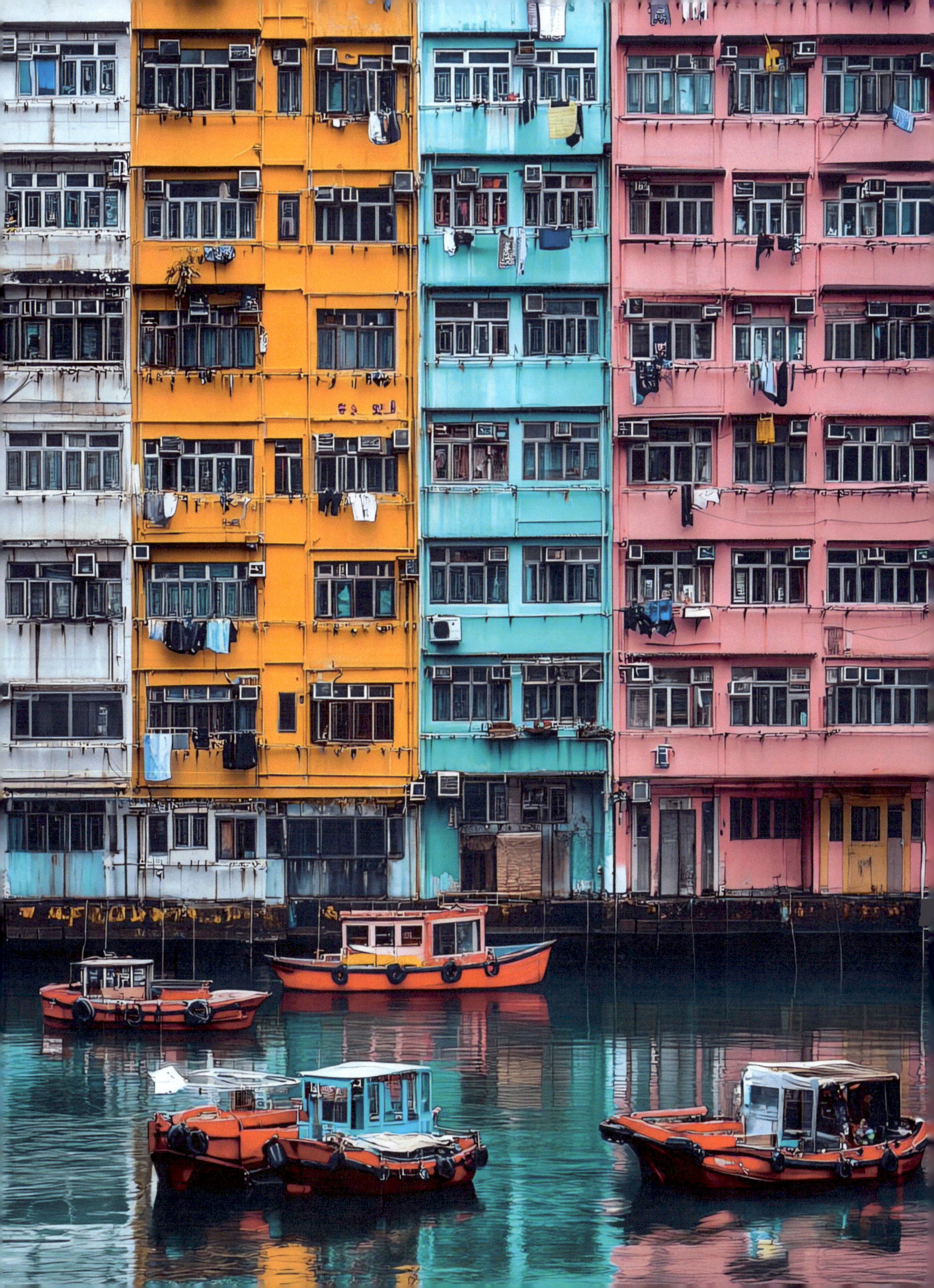

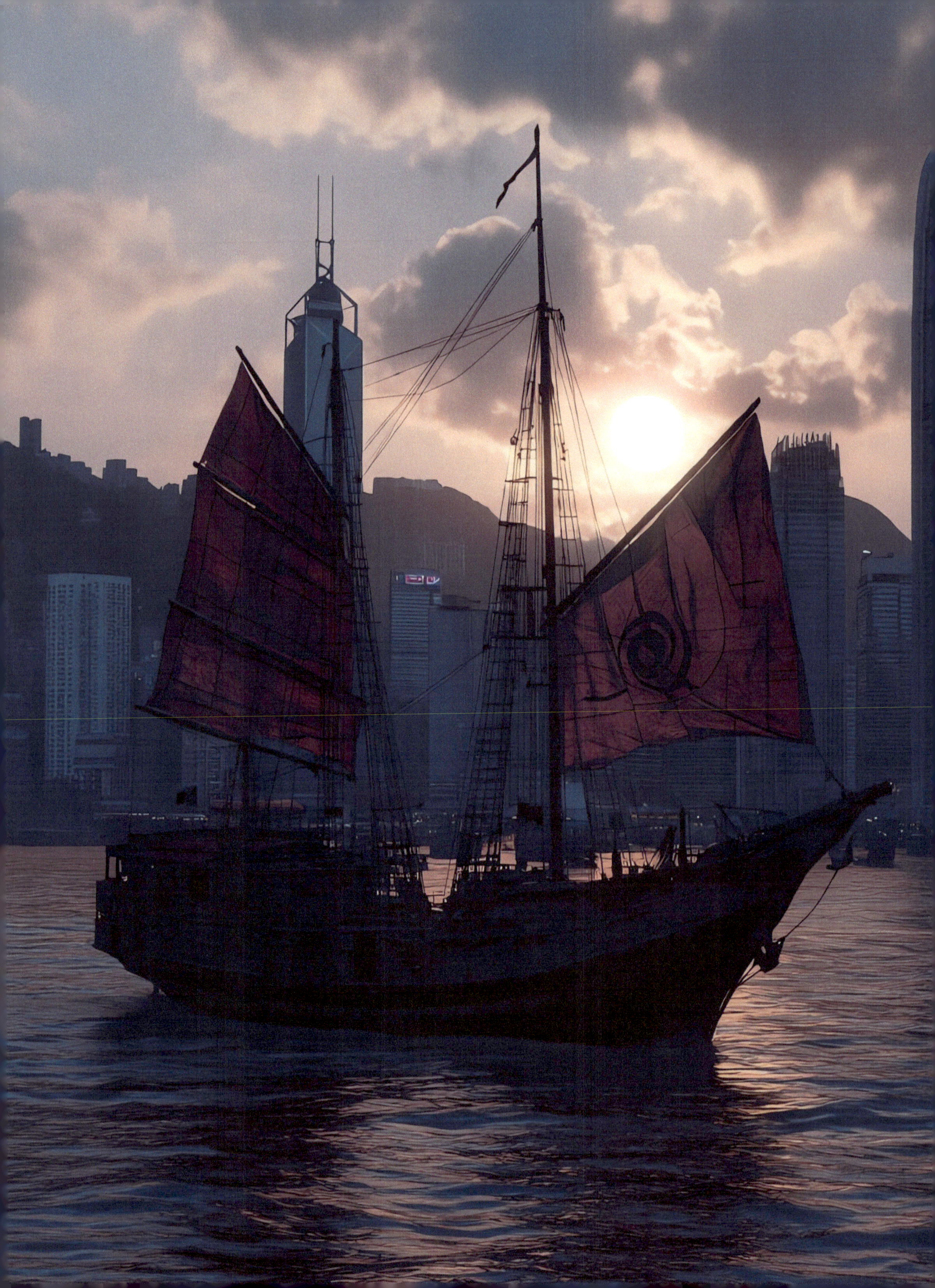

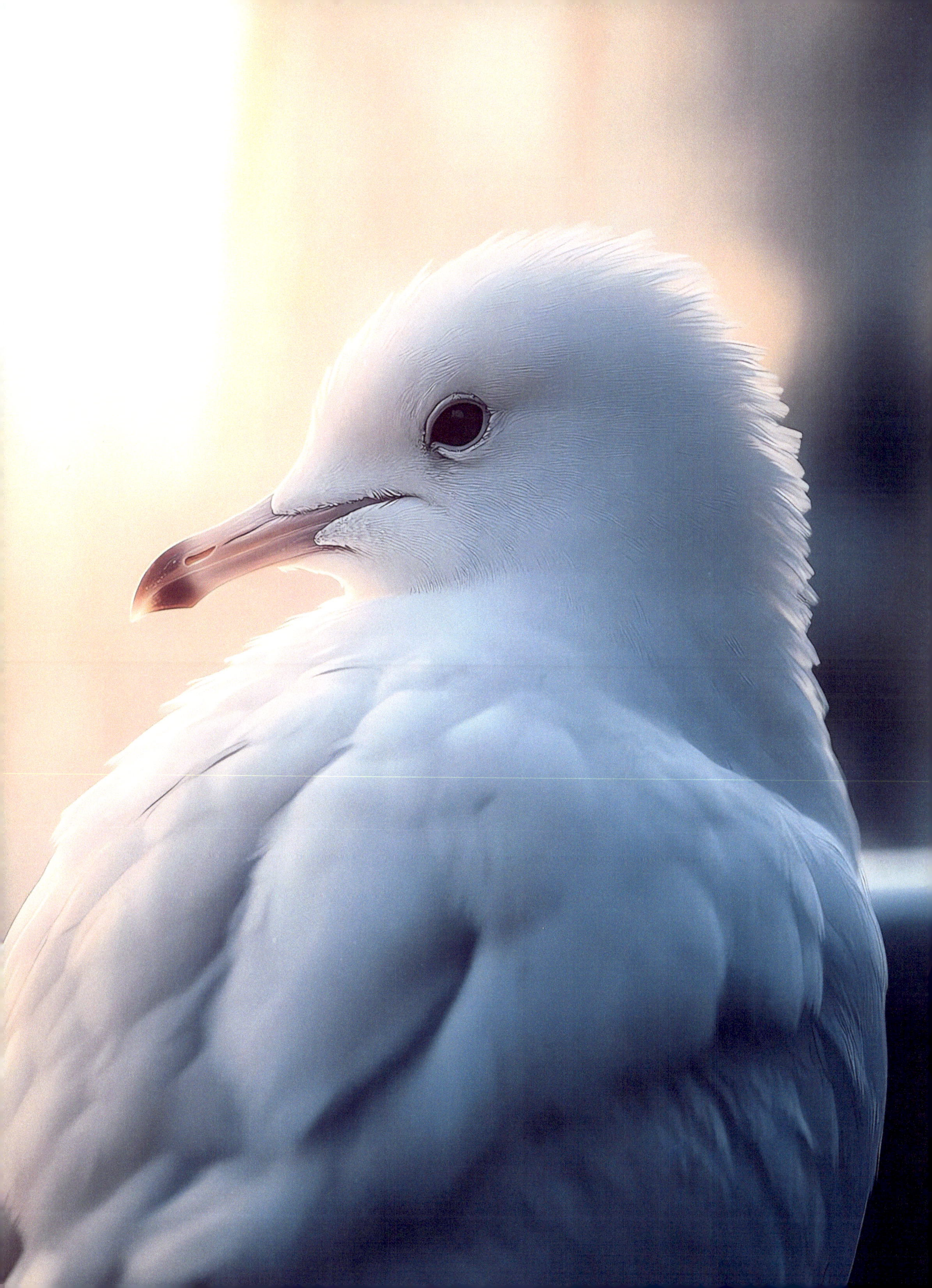

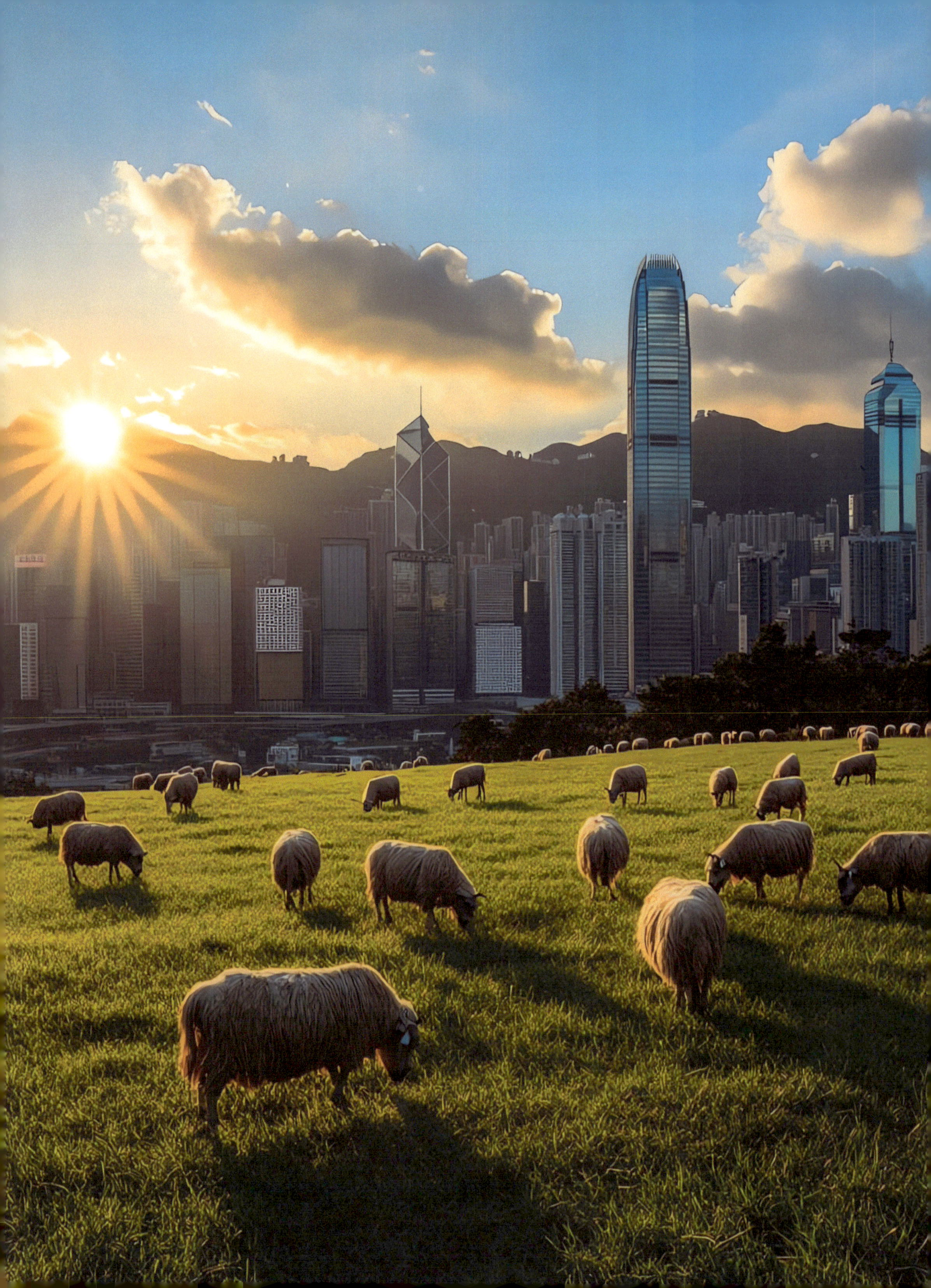

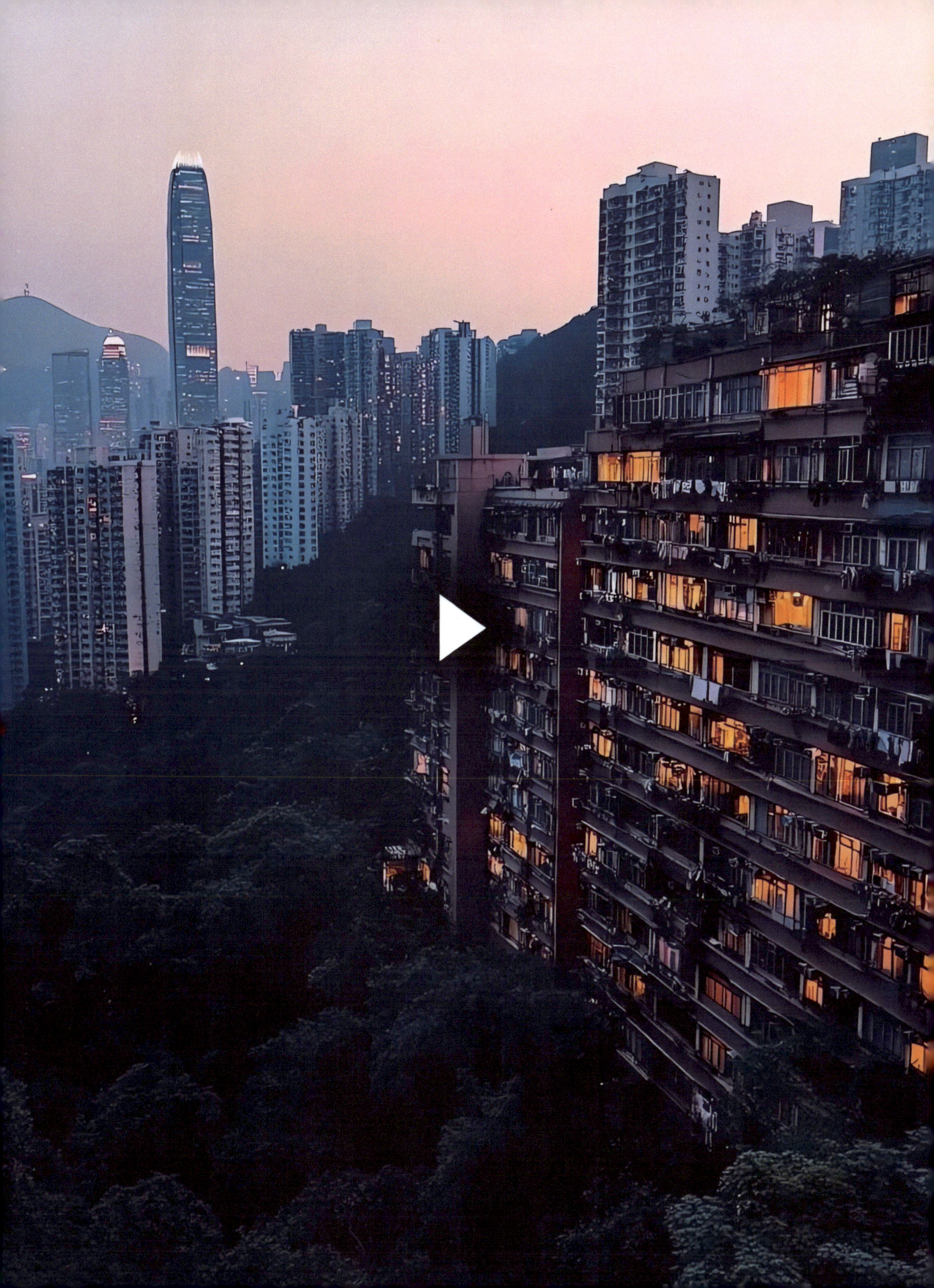

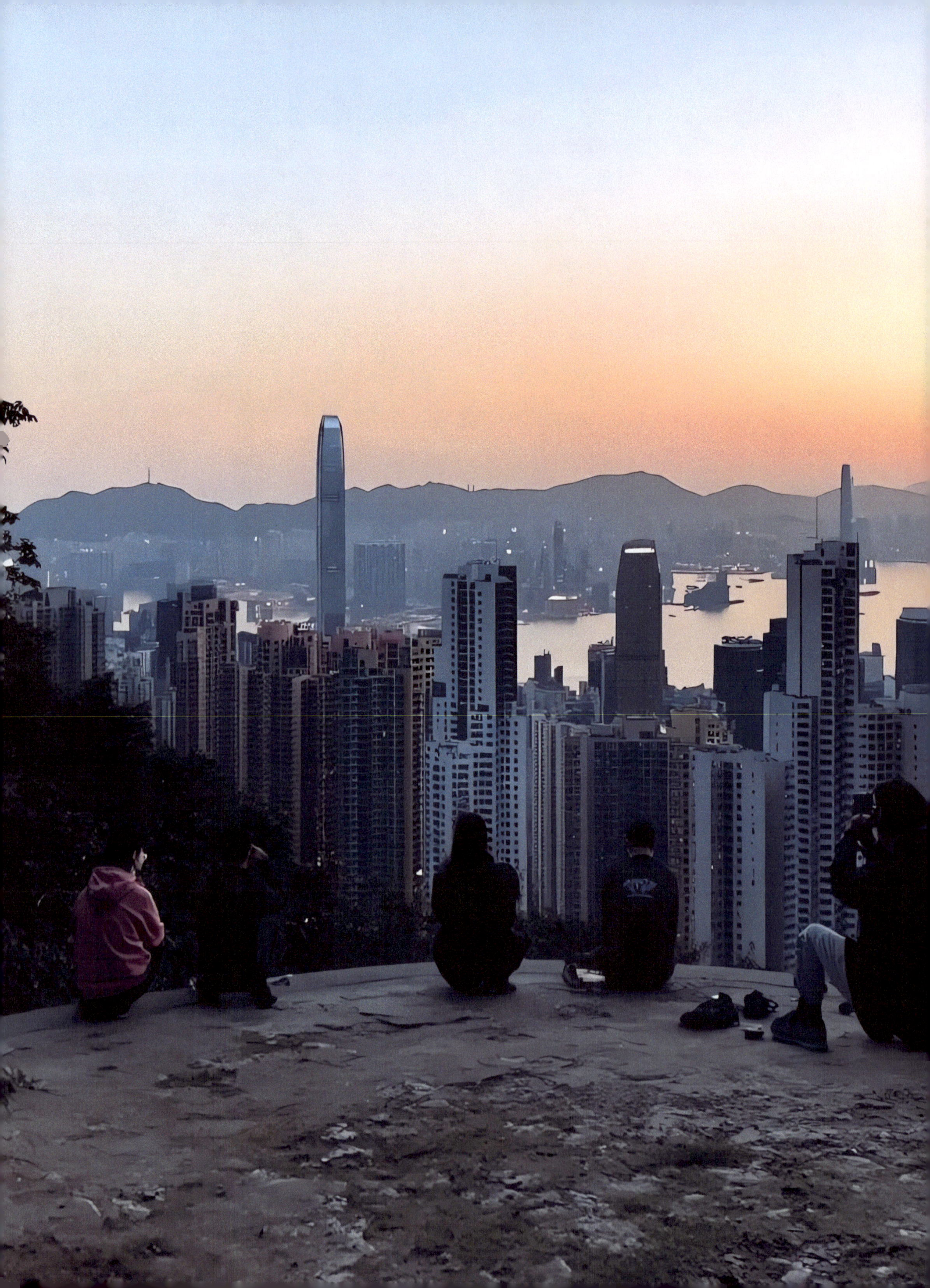

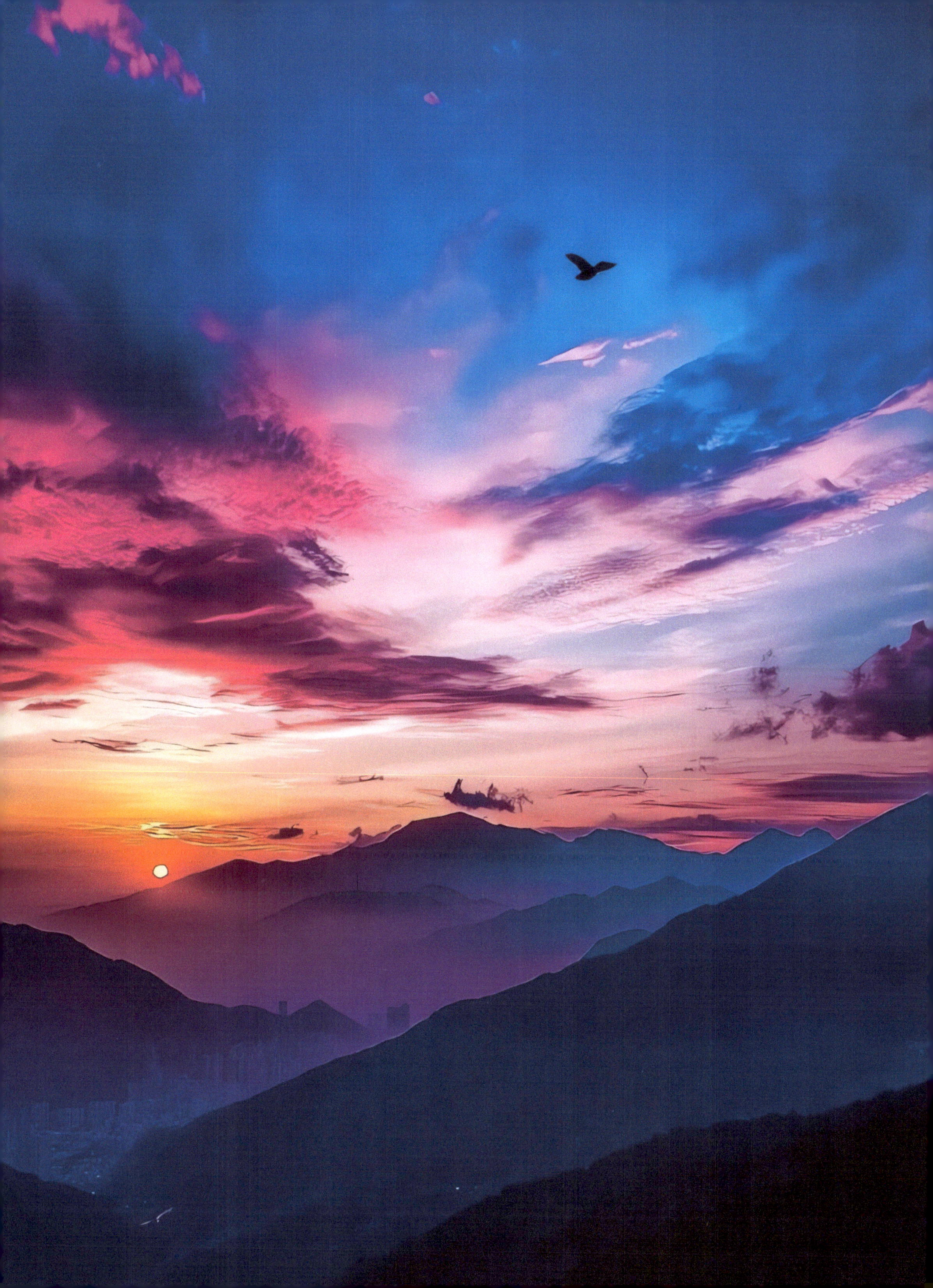

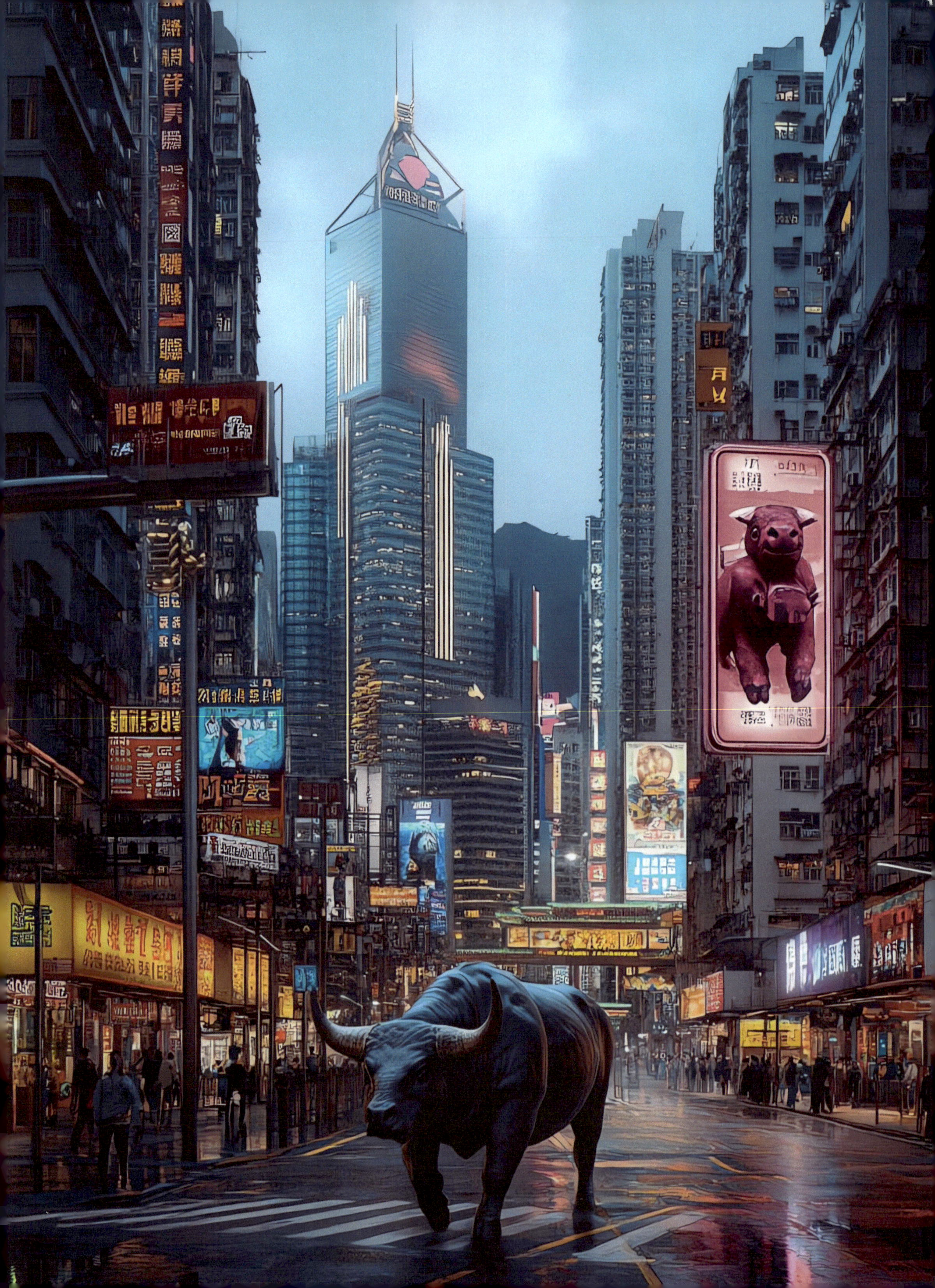

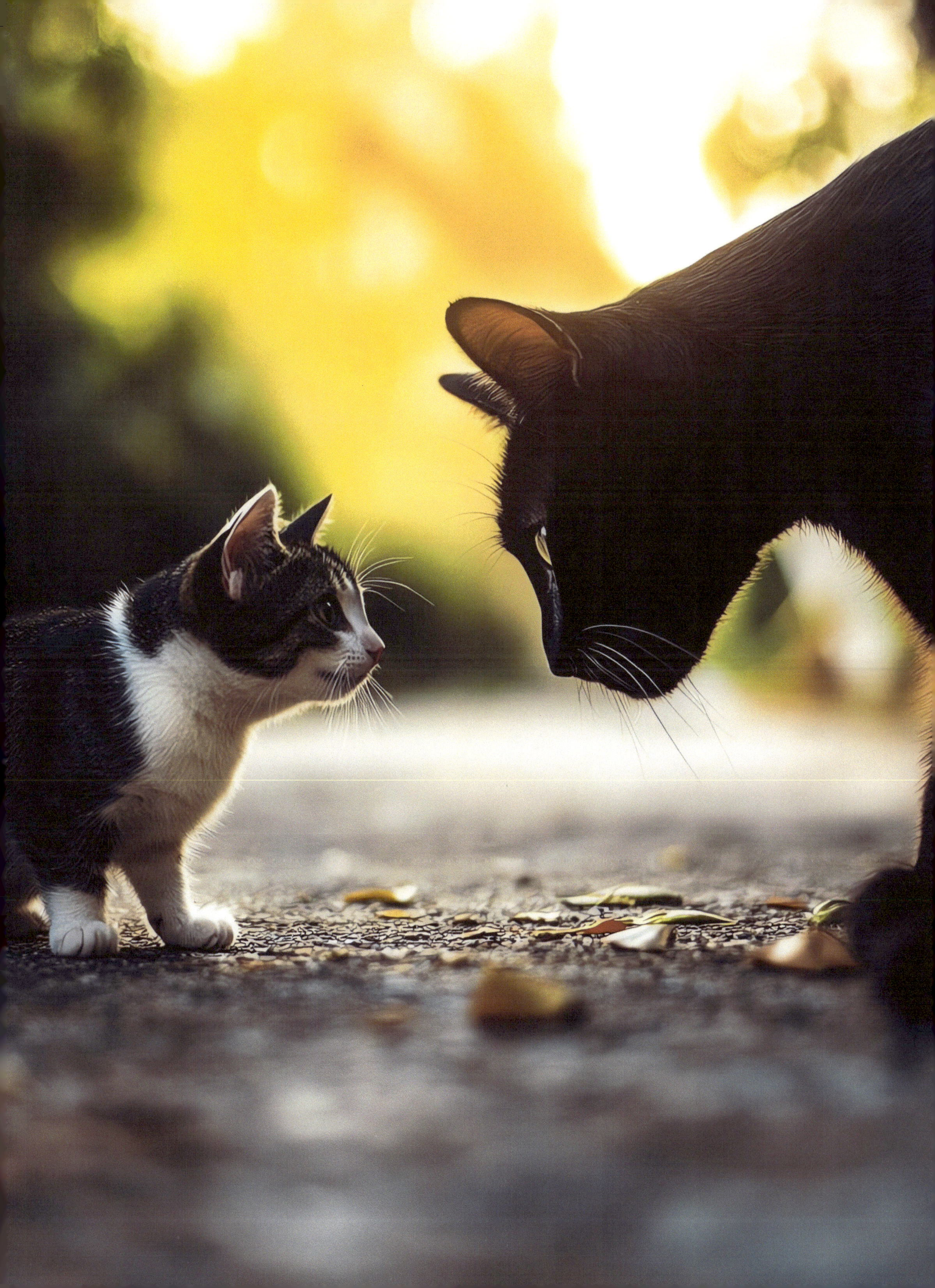

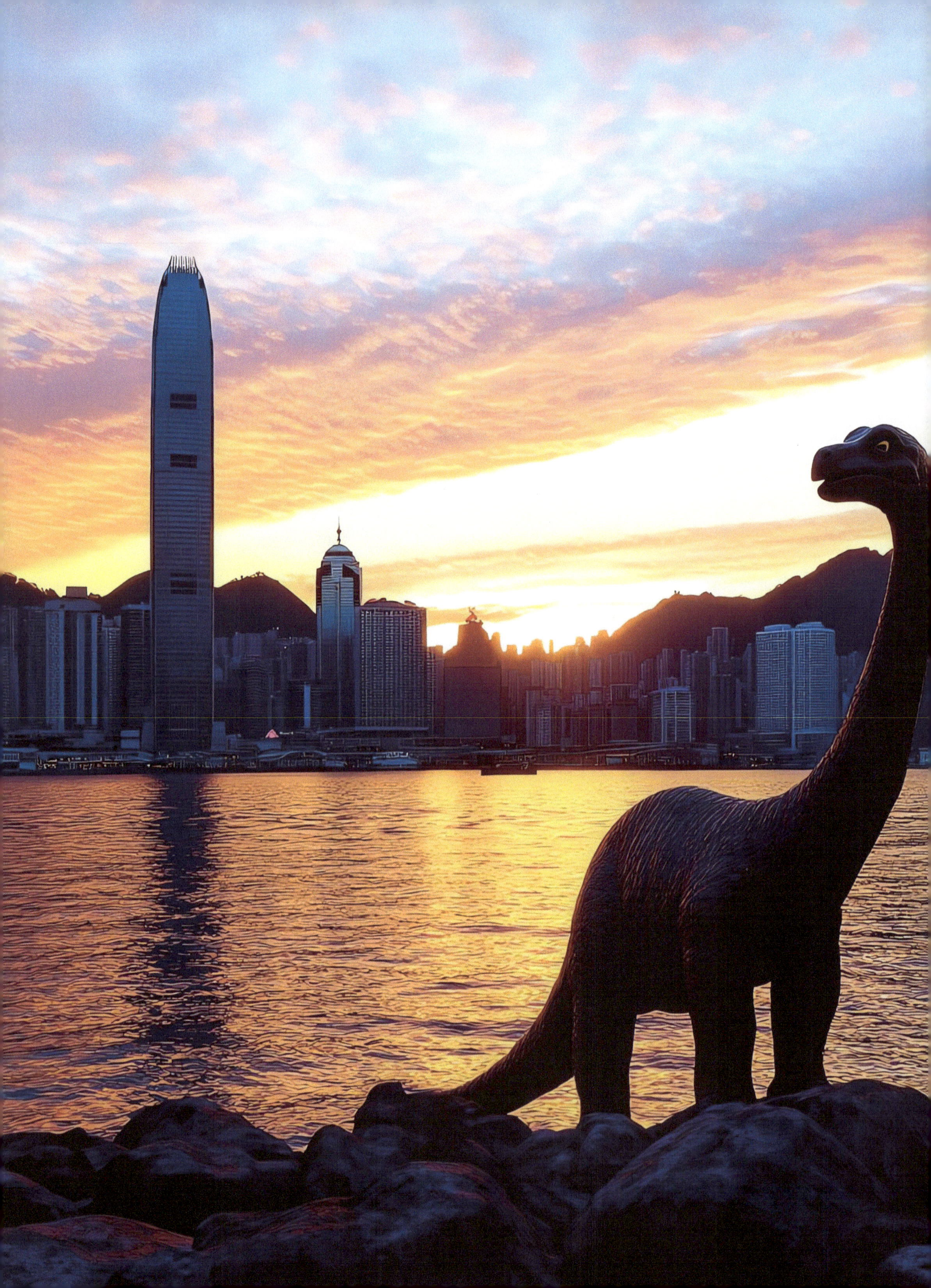

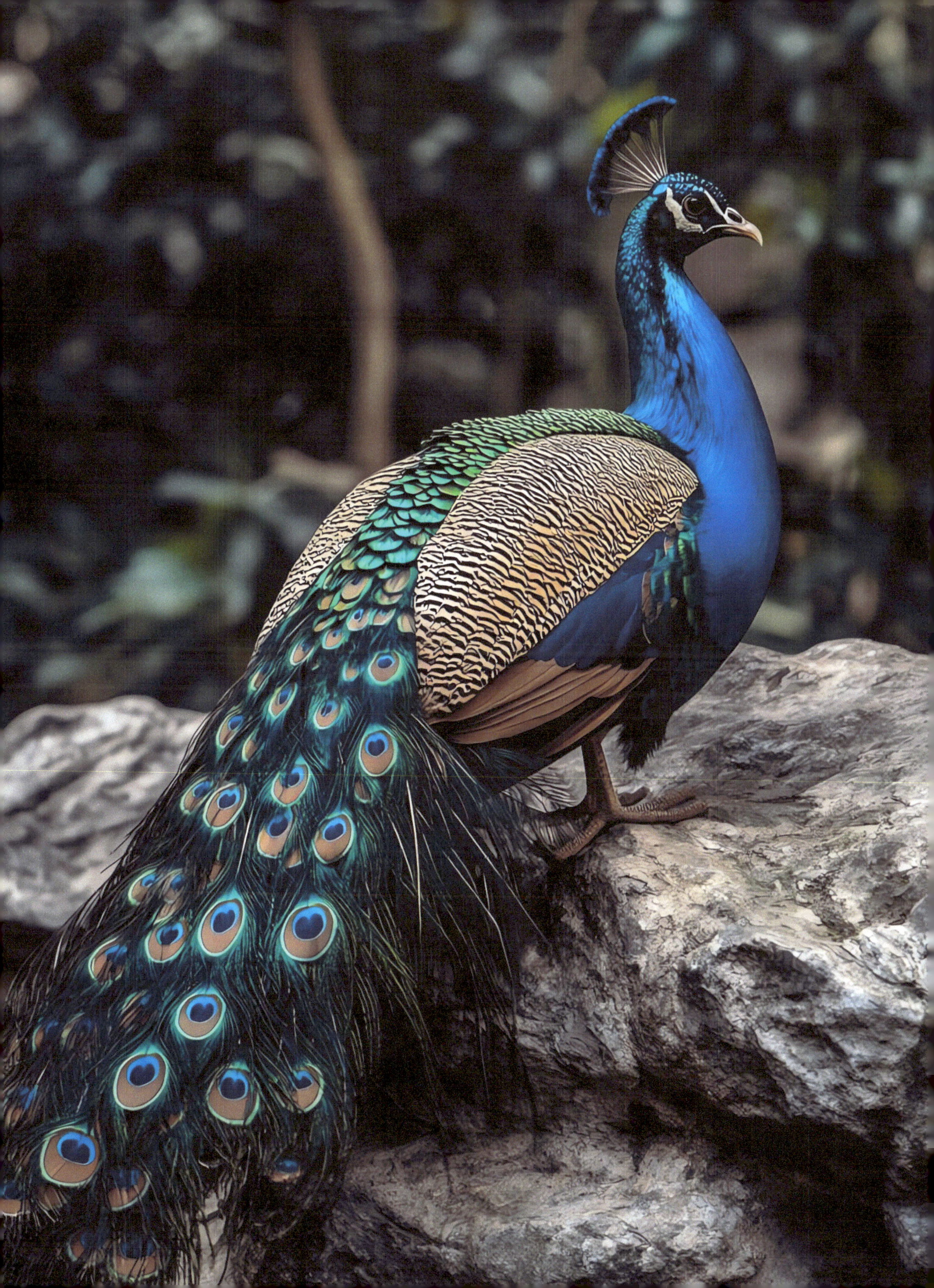

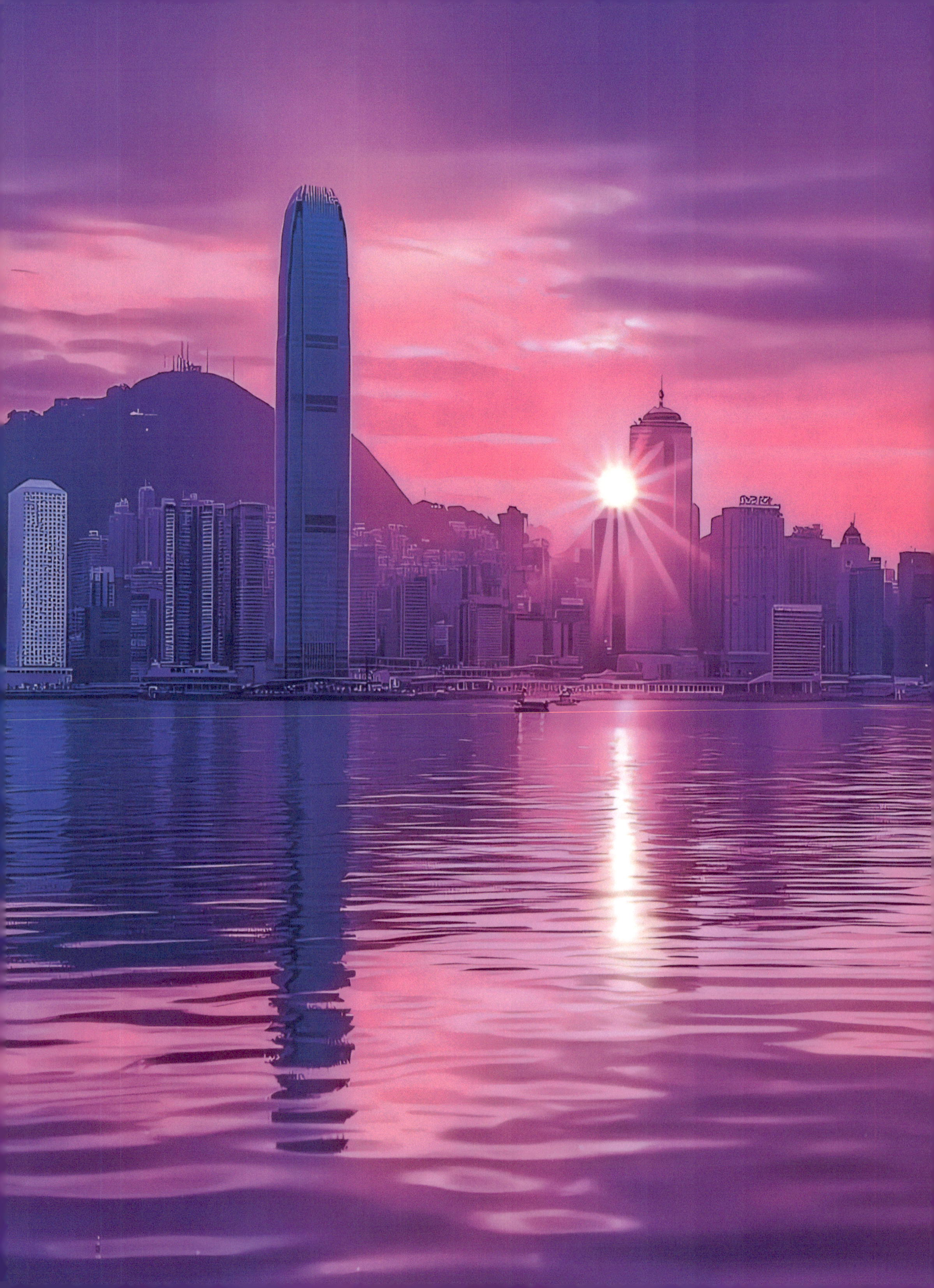

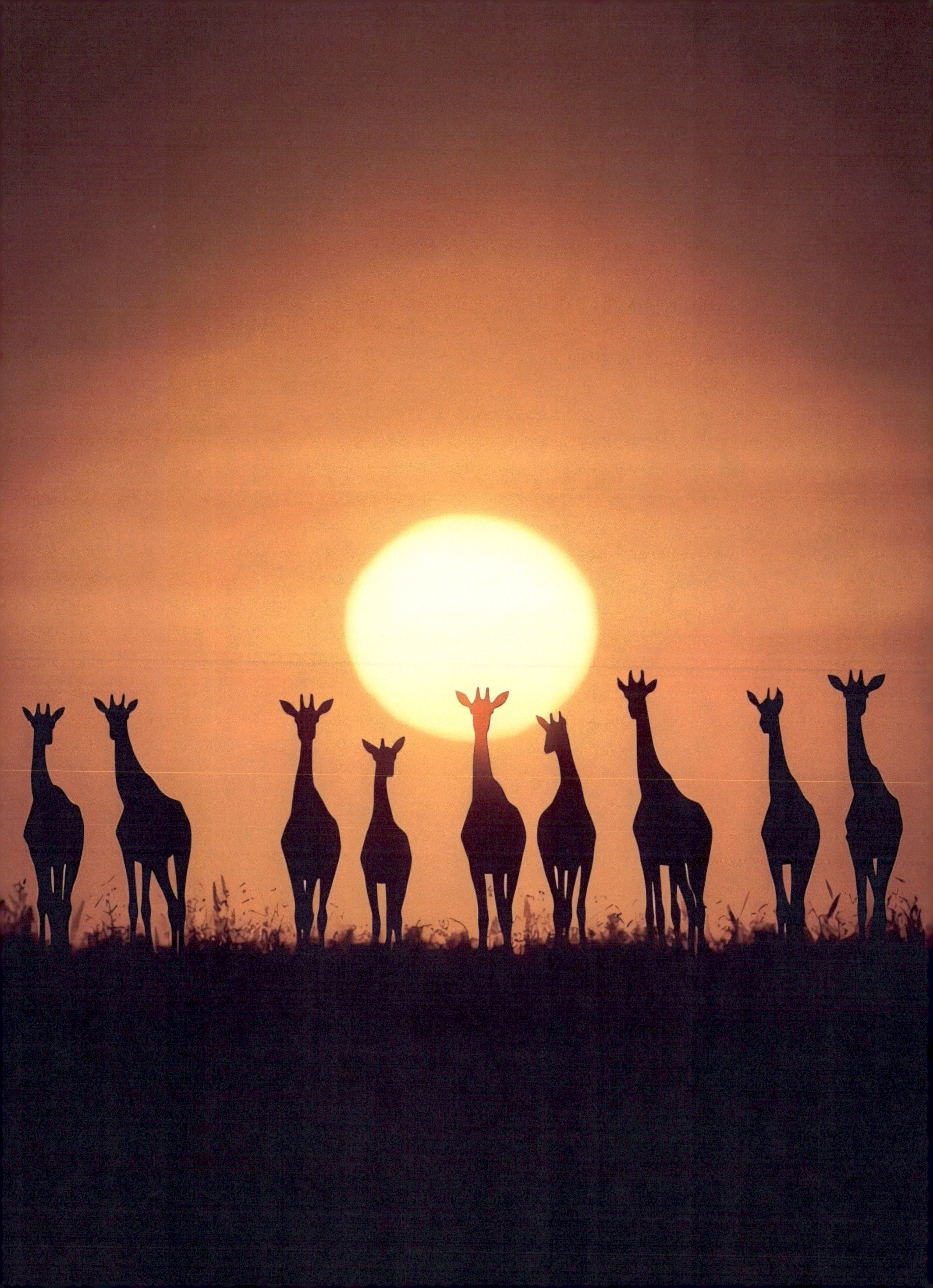

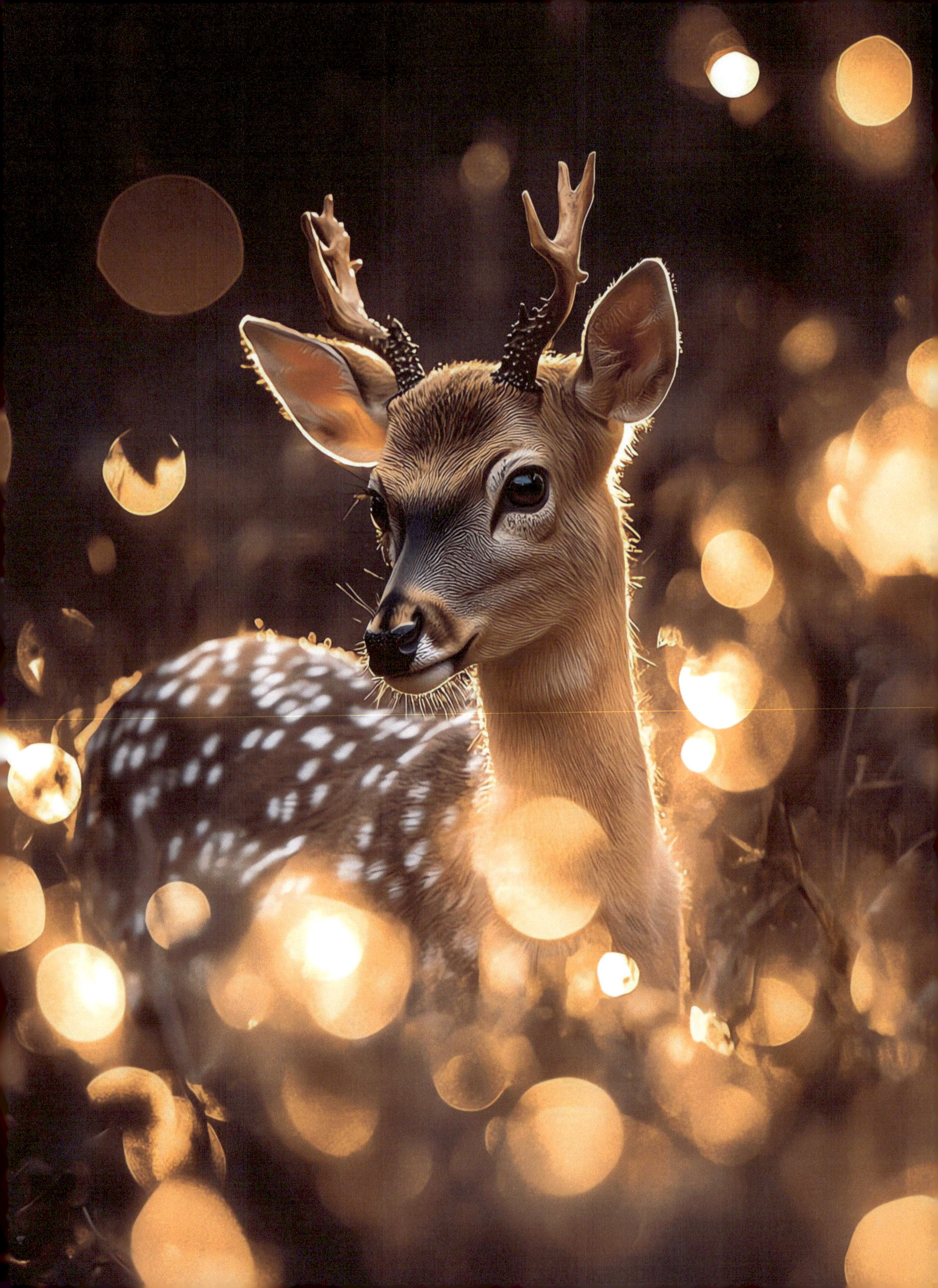

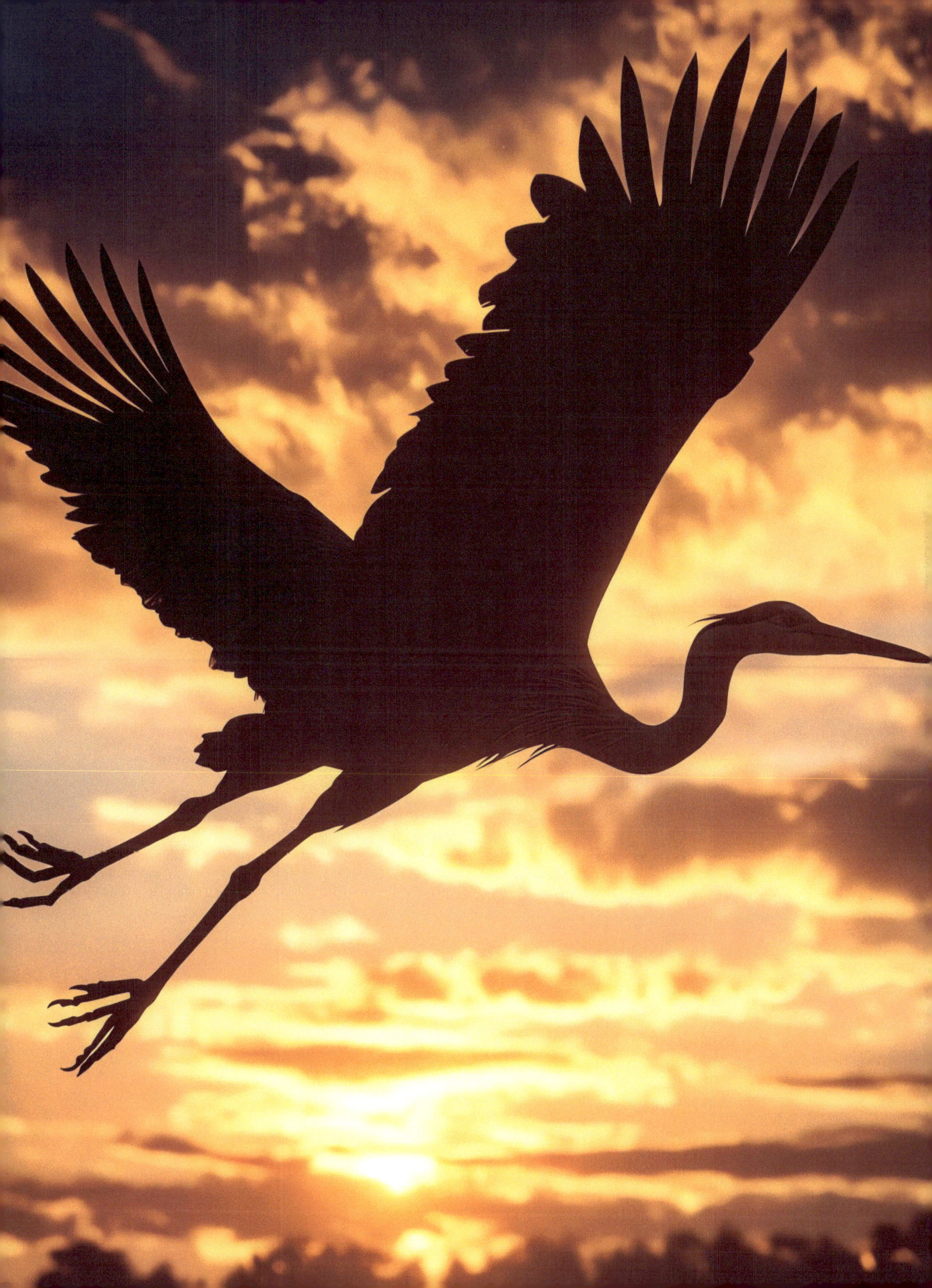

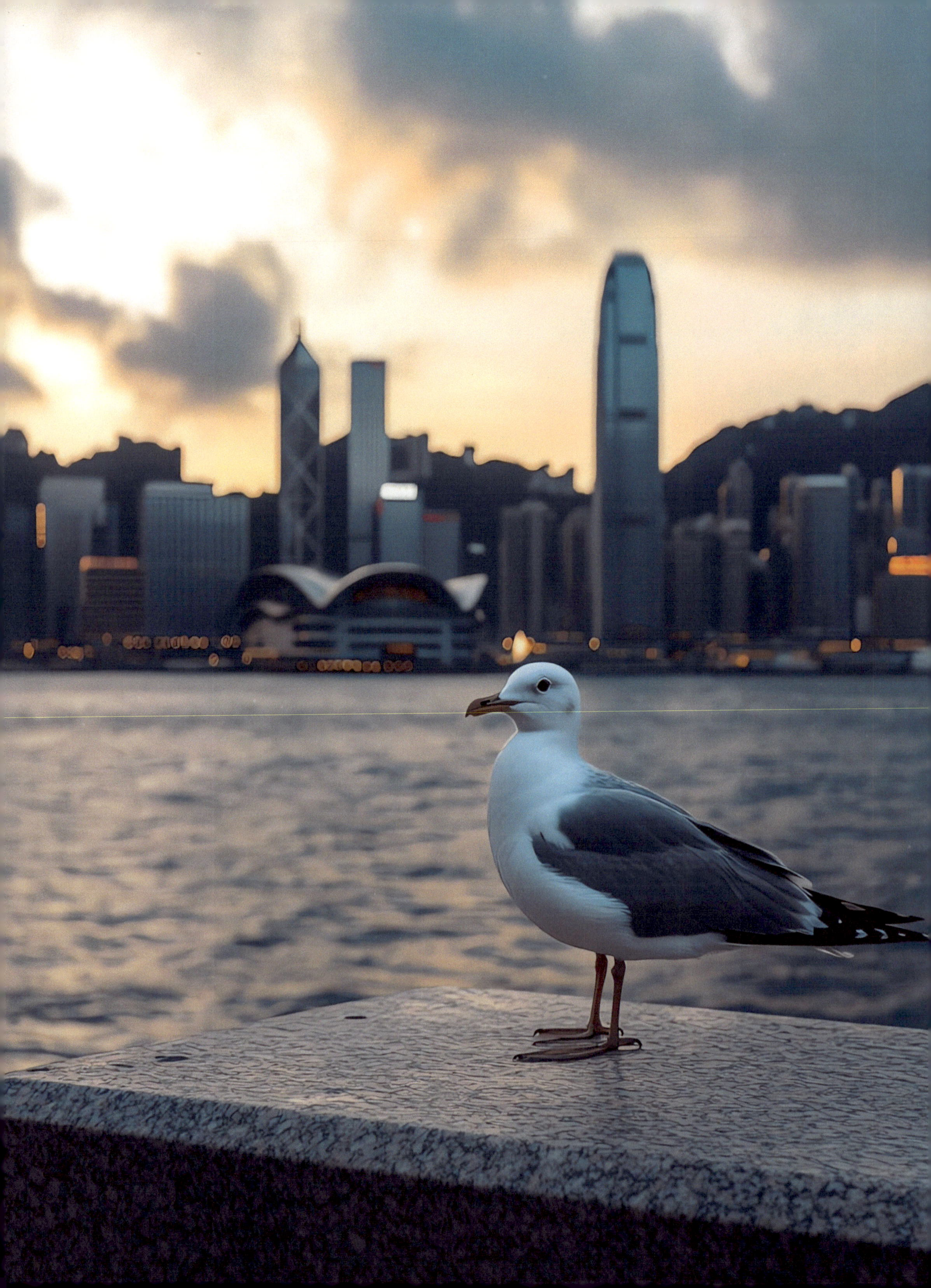

www.ingramcontent.com/pod-product-compliance
Lightning Source LLC
Chambersburg PA
CBHW040436220526
45473CB00004B/1453
* 9 7 9 8 3 0 0 9 7 8 8 0 8 *